마중물 요법

내가
나를위해
빨래내걸어줄께

Yes!

영희야
빨래걷어줘서
고마워
잘했어

Yes!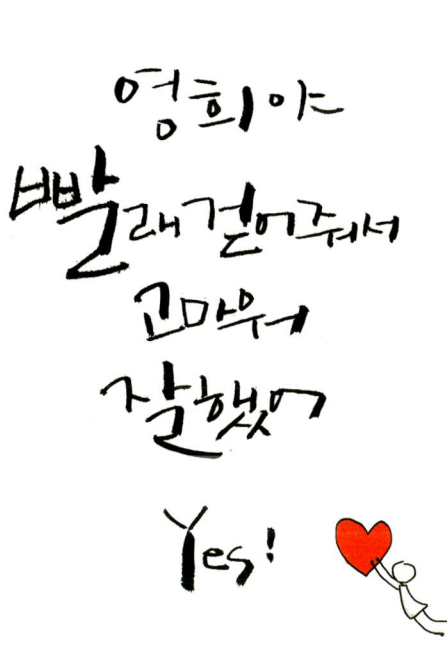

마중물요법

초판 1쇄 발행 2023년 11월 5일

지은이 최성규
표지디자인/일러스트 김선영
캘리그라피 김선영
교정/인터뷰 박민성
사진 이승환

펴낸이 김선영
펴낸곳 함께먹는사람
등 록 제2016-000044호
주 소 경기도 과천시 관문로92 힐스테이트 과천중앙 101동 1818호
전 화 02-507-3077~78
팩 스 02-507-3079
이메일 seon153153@daum.net
ISBN 979-11-975806-3-5

이 책은 저작권법에 따라 보호를 받는 저작물이므로 무단전재와 복제를 금하며, 이 책
내용의 전체 또는 일부를 사용하려면 반드시 저작권자의 서면 동의를 받아야 합니다.

K심리학 마중물 요법

마음의 힘을 길어 올려
불안과 무력감, 자기 비난과 우울의 악순환으로
바닥 난 내 마음의 에너지를 높여주자

최성규 지음

함께먹는사람

정신건강의학과 전문의 최성규

마중물 요법이 가장 시급한 사람들은 상식적으로 맞지 않는 과도한 불안이나, 무력감, 실행되지 않는 완벽주의, 그로 인한 자기비하, 우울감 등의 부정적 감정이 많은 사람들이라고 할 수 있겠죠.

작가 인터뷰

Q 이 책을 집필하게 된 계기가 무엇인가요?

A 이전에 심리적 문제에 대한 내 이론들을 정리해서 『마음의 지도』라는 책으로 출간한 적이 있어요. 하지만 이전의 책은 한 권의 책에 너무 방대한 이론을 담아내다 보니, 내용이 난해하고 접근성이 떨어진다는 생각이 들게 되었죠.

그래서 내 이론들의 핵심적 요소 중 하나인 '마중물 요법'을 통하여 사람들이 보다 쉽게 이해할 수 있도록 『마중물 요법』을 새롭게 집필하게 되었습니다. 이 책은 보다 많은 사람들이 읽을 수 있기를 바랍니다.

Q '마중물 요법'이란 무엇인가요?

A 요즘에는 무기력한 사람들이 많이 보여요. '번 아웃 증후군' 이야기도 많이들 하죠.

무기력하다는 것은 에너지가 부족하다는 의미입니다. 우리 몸

뿐 아니라, 우리의 마음을 움직이는 데에도 에너지는 필요합니다. 몸의 에너지가 부족하면 무력해지듯이, 마음의 에너지가 부족하면 아예 아무것도 할 마음이 없어지게 되죠. 그래서 이 마음의 에너지를 만들고 키워주는 방법을 만들게 되었는데 그 방법이 바로 마중물 요법입니다.

Q 마음의 에너지가 부족해지면 발생하는 상황에 대해서 좀 더 설명해 주세요.

A 대표적으로는 불안과 우울이 있습니다.
불안은 대부분 예기불안anticipatory anxiety인데 그것은 심리적 에너지가 손실되는 것에 대한 예기불안이라고 할 수 있습니다.
예를 들어 타인에게 비난받아 에너지가 손실될 것을 예상하다보면, 그 비난을 걱정하면서 에너지를 소모하거나 비난받지 않으려고 애를 쓰는 과정에서 에너지가 소모됩니다.
불안은 이런 에너지 감소현상에 대한 걱정이며 불안 자체가 에너지를 소모하게 만드는 원인이기도 합니다.
심리적 에너지가 순간적으로 줄어드는 것을 '심리적 에너지 절벽'이라고 한다면, 불안은 경험된 심리적 에너지 절벽을 재경험할 것이라는 예측에서 오는 신체적 반응이라고 할 수 있습니다.

정신의학과 전문의 **최성규**의

깊은 에너지 절벽이 예측될수록 더 불안해지기도 하겠지만, 이 불안 때문에 보유하고 있는 심리적 에너지가 적어질수록 아주 작은 에너지 절벽에도 예민하게 반응하여 불안이 몰려오게 되기도 합니다.

 반면 우울은 만성적인 자기 비난 때문에 생긴 심리적 에너지 고갈 상태라고 볼 수 있습니다.
자기 비난 때문에 우울해진 마음을 견디는 과정에서 에너지의 정수라고 할 수 있는 자존감이 소모되며 무기력해 집니다. 일상 속에서 당연하게 해 왔던 일들조차 해 낼 수 없게 되어 버려요. 그리고 아무것도 하지 못하는 스스로를 다시 비난하게 되고 우울해지죠. 그 비난을 견디는 과정에서 또 무기력해지는 악순환이 생깁니다.
물론 심리적 에너지를 얼마나 보유하고 있는가와 상관없이 좋지 않았던 경험들은 우울감을 만들어 내지만 심각한 우울증일수록 반드시 심리적 에너지의 고갈을 동반하게 됩니다.

요약하자면, 불안은 타인에게 비난받을까봐 걱정하면서 심리적 에너지가 소모되고, 우울은 자신의 비난을 견디면서 심리적 에너지가 소모됩니다.

마중물 요법

심리적 에너지가 완전히 바닥나면 불안에 더해 우울이 생기거나 우울에 더해 불안이 생길 수도 있습니다.
그러므로 아직 심리적 에너지가 조금이라도 남아 있을 때 불안과 우울감을 해결해야 빨리 좋아질 수가 있습니다.

이럴 때 필요한 것이 바로 '마중물 요법'입니다. 우물 펌프에서 물을 뽑아내기 위해서 마중물이 필요하듯이, 마음의 에너지를 얻기 위해서는 우리 마음에 약간의 에너지를 줄 필요가 있습니다. 이 때 가장 좋은 방법은, 스스로에게 서비스를 제공하는 거죠. 서비스라고 해서 거창한 게 아닙니다.

음식을 만들어 먹고, 빨래를 하고, 집을 청소하는 등 일상생활에서 당연하게 해야 하는 일들에 '내가 나를 위해 하는 서비스'라는 포장을 해서, 나에게 선물하고, 거기에 감사의 말을 전하는 거에요. 이 일련의 과정이 '마중물 요법'입니다.

Q 마중물 요법은 어떤 사람에게 필요할까요?
A 사실, 모든 사람에게 필요하다 말해도 이상하지 않아요. 지금 삶이 충분히 만족스러운 사람도 이 방법을 통해 삶을 더 윤택하게 만들 수 있고, 반대로 지금의 삶에 불만족스러운 사람 역시 삶을

정신의학과 전문의 최성규의

더 나은 방향으로 이끌어 나가는 데 도움을 줄 겁니다.
물론 가장 시급한 사람들은 상식적으로 맞지 않는 과도한 불안이나, 무력감, 실행되지 않는 완벽주의, 그로 인한 자기비하, 우울감 등의 부정적 감정이 많은 사람들이라고 할 수 있겠죠.

Q 마중물 요법이 큰 효과가 있나요?

A 처음 몇 번으로는 큰 효과를 보기 힘들어요. 증상이 심각한 사람일수록 즉각적으로 회복하기 힘들며, 약물 치료를 병행해야 하는 경우도 많죠.
하지만 중요한 건 믿음을 가지고, 꾸준히 반복하는 거에요. 한 번 한 번이 쌓이다 보면 확실한 변화를 가져와요. 다소 어색하고 이상한 기분이 들겠지만, 계속 반복하다 보면 마음의 상태가 자신도 놀랄 정도로 좋아지는 것을 느낄 수 있을 거에요.
덧붙이자면, 가능한 한 직접 소리를 내며 하는 게 더 좋아요. 귀로 듣는 것이 우리 마음의 충족에는 더 도움이 되거든요.

Q 이 책을 가장 읽었으면 하는 사람들은 누구인가요?

A: 나는 세대 성향을 가리지 않고 모든 사람들이 이 책을 읽었으면 하지만, 지금 자신이 막다른 골목에 있는 것처럼 느껴지는 사람들, 무력감과 절망을 느끼는 사람들, 특히 죽고싶다는 말을 달고

마중물 요법

사는 사람들에게 이 책을 권하고 싶네요.

최근에 어떤 젊은이가 저에게 진지하게 질문을 한 적이 있습니다. 자신이 마중물 요법을 통해 많이 좋아지기는 했지만 순간적으로 치미는 죽고싶다는 생각 때문에 괴롭다구요.
그럴 때면 이런 구차한 삶을 왜 유지해야 하는지 왜 살아가려고 아등바등하는지 모르겠다고 하더군요.
그러면서 저에게 사람은 왜 사는 거냐고 물었습니다. 살아가야 하는 특별한 이유가 있으면 알려 달라고 재차 요구하더군요.
저는 사람들이 살아가는 이유는 저마다 다르다고 했습니다. 그것은 스스로 찾아야 하는 것이라고요. 그것보다는 조금 다른 얘기를 해주었습니다.
사람이 자신을 죽이고 싶을만큼 자신을 싫어하는 이유를 알려주었지요. 사람이 자신을 싫어하는 이유는 별 이유가 아니라고요.

만약 어떤 엄마가 자신의 아이에게 밥을 한술 한술 떠먹여주면서 힘들고 귀찮아하면서 억지로 먹여준다고 합시다. 그 엄마는 아이를 씻기면서도 마지못해 억지로 씻기는 말과 표정과 행동을 내 보인다고 합시다. 매번 씻기고 먹여주고 재워주고 청소 빨래를 해주면서 정말로 귀찮아하고 싫어하면서 해준다고 합시다. 그렇다면 그 아이는 행복할까요?

정신의학과 전문의 **최성규**의

당연히 아니겠죠. 세상 불행할 겁니다. 그 아이가 자기 자신에 대해서 생각하는 부정적인 생각을 차치하고 그 아이는 엄마를 싫어할 거에요. 엄마가 자신을 싫어한다는 것을 명확히 알고 있기 때문이지요.
그것은 말과 행동과 표정을 보고 알수 있습니다. 엄마가 자신에게 해주는 양육은 전부 무시되고 엄마 때문에 살아가고 있다는 생각조차 무시될만큼 엄마를 싫어할 겁니다.

자, 여기서 엄마와 아이 둘 다 자기 자신이라고 생각해 봅시다. 자기 자신 속에 이 엄마와 아이가 있습니다. 매일 아침 씻으면서 귀찮아하고 씻기 싫어하고 짜증내면서 씻고 있는 자신을 바라봅니다. 매일 매일 청소해주기 싫어해서 옆에다 쓰레기더미를 쌓아놓고 먹여주기 귀찮아서 대충 아무것으로나 때우거나 건너 뛰는 자기 자신을 바라봅니다. 그것을 바라보는 것만으로도 사람은 자신을 정말로 싫어하게 되는 것입니다.

자기가 자신을 싫어하는 뚜렷한 이유를 가지고 있는 사람도 있겠지만 그것은 하나의 계기에 불과합니다. 먹고 씻는 자는 것이 귀찮다면 그것만으로도 사람은 자신을 싫어할만한 충분한 이유를 가지게 되는 것입니다.
원래 싫어했으므로 싫어하는 사람의 안좋은 점을 계속 찾아내

마중물 요법

마중물 요법은

고 강조하고 과장하는 것입니다.

자기 자신에게 매일매일 씻겨주고 먹여주고 재워주고 빨래해주고 청소해주면서 괴로워하거나 귀찮아하고 짜증을 내는 것 때문에 사람은 자신을 죽일듯이 미워하고 싫어하는 것이라고 말해주었습니다. 그 이유가 전부입니다. 철학적이거나 거창한 이유는 없습니다. 절말 별것 아닌 이유이지만 정말 강력한 이유이기도 합니다.

마중물 요법을 한 두번 한다고 바로 좋아지지는 않겠지만 오래 한 분들일수록 자기 혐오나 자살사고가 사라지는 것을 많이 보았다고 알려주었죠. 죽고싶은 생각이 사라진다면 살아가는 이유

정신의학과 전문의 **최성규**의

나를 위해서

는 살아가면서 천천히 찾을 수 있을 것이라고 말해주었습니다. 당신은 충분히 좋아질 수 있어요. 다시 행복해질 수 있어요.

Q 향후에 다른 책을 출간하게 된다면, 어떤 내용이 될까요?

A 아마도 이번 마중물 요법과 같이, <마음의 지도>의 내용에서 발췌해 집필하게 될 것 같아요. 마음의 지도에는 아직 빛을 봐야 할 이론들이 많거든요.
사람들에게 그것들이 단순한 이론이 아니라, 실제 삶을 더 좋게 하기 위한 방법으로서 다가갈 수 있기를 바랍니다

마음의지도 진료실에서

마중물 요법

K심리학 마중물요법

Contents

작가 인터뷰   7
한 바가지의 물   21
마중물 요법이란   25

1 잠겨있는 욕구를 푸는 열쇠, 마중물

잠겨있는 욕구를 푸는 열쇠, 마중물   35

욕구 발달의 단계   37
기본적인 욕구를 충족시키는 마중물   41
청각적 확인욕구를 충족시키는 마중물   43
인정욕구를 충족시키는 마중물   45
K심리학1 본능과 욕구1   50

2 자존감 회복의 열쇠, 마중물

자존감 회복의 열쇠, 마중물   63

자기 비하의 첫 번째 원인   64
자기비하의 두 번째 원인   66
자기 비하를 막는 도구로서의 마중물   77
요약   82
K심리학2 본능과 욕구2   84

인간의 마음에서 일어나는 모든 증상은 심리적 에너지와 연관이 있다
마음의 힘을 길어 올려 불안과 무력감, 자기 비난과 우울의 악순환으로 바닥 난 내 마음의 에너지를 높여주자

3
마중물이
다섯 가지 기본적
일상 서비스인
이유

마중물이 다섯 가지 기본적 일상 서비스인 이유   101

기본적 일상 서비스(마중물로 사용되는)의 기준,
'억지로' 하는 의식주   114

잠   118

K심리학3 결핍과 분노   24

4
마중물 요법의
구체적 예문

마중물 요법의 구체적 예문   141

의衣   143

식食   145

주住   147

주住   149

주住   151

마중물 요법의 구체적 방법   152

개인적 마중물   156

가족적 마중물   157

K심리학4 에너지 경제론 1   160

K심리학 마중물요법

Contents

5 마중물 요법의 반응 유형

— 마중물 요법의 반응 유형 171
전폭적 수용형 174
부분적 수용형 176
저항형 178
거부형 183
K심리학5 에너지 경제론 2 184

6 마중물의 효과

— 마중물의 효과 197
대리욕구 감소로 인한 절제력 향상 198
심리적 에너지 회복으로 인한 의욕 회복 200
결핍 충족으로 인한 분노 발생 감소 201
억압의 회복을 통한 분노 억압 증가 204
억압에 사용되는 에너지 회복으로 인한 부정적 감정 감소 206
인정욕구와 확인욕구 충족을 통한 외로움 감소 210
외로움 감소로 인한 타인에 대한 의존심 감소 212
의존심 감소로 인한 분리불안 감소 213
외로움·의존심·불안감의 감소로 대인관계 안정화 214
자존감 회복으로 인한 행복감 증가 215
심리적 허기 감소로 인한 체중 조절에 도움 217
안정적 에너지 공급으로 인한 상황중독 극복 220
K심리학6 에너지 경제론 3 224

인간의 마음에서 일어나는 모든 불편함은 심리적 에너지와 연관이 있다
마음의 힘을 길어 올려 불안과 무력감, 자기 비난과 우울의 악순환으로 바닥 난 내 마음의 에너지를 높여주자

7 마중물 요법의 진행 단계

마중물 요법의 진행 단계 239
- 1단계 억지로라도 하고 있는 기본적 일상 서비스에 마중물 요법하기 240
- 2단계 마중물을 통해 회복된 후에도 계속 마중물 요법을 유지하기 242
  - 에너지양(量)에 따른 마중물 요법 수행 충실도의 변화 1~8 246
- 3단계 가족적 마중물로 확장하기 260
- K심리학7 무의식의 형성 262

8 마중물로 성장하기

마중물로 성장하기 279
- 에너지채우기 자기 자신에게만 집중하기 280
- 타인의 에너지를 기대하지 말기 타인을 배제하기 284
- 에너지만끽하기 멈춘 성장 촉진하기 290
- 에너지나눠주기 잉여 에너지 공유하기 294
- K심리학8 상황중독 298

9 마중물 요법의 제한점과 응용

마중물 요법의 제한점과 응용 315
- 마중물 요법의 제한점 315
- 마중물의 응용 316

한 바가지의 물

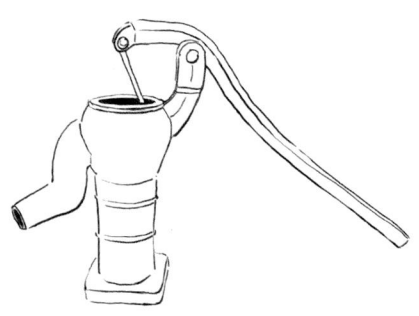

만약에 학교 운동장만 한 밭을 가진 농부가 있다 하자.

현재 몇 년 만에 닥친 가뭄으로 인하여 밭이 타들어가고 있다. 이대로라면 모든 작물이 말라 죽을 것이다. 밭 옆에는 몇 년 간 써 보지 않았던 옛날식 수동 펌프가 있다. 그러나 마중물 한 동이가 없어서 시도조차 하지 못하고 있다. 그러다가, 군에서 긴급 투입한 물차가 왔다. 급한 김에 가지고 있는 모든 물통에 물을 가득 채웠고, 물차는 가버렸다.

이 농부는 다음에 어떻게 행동해야 할까.

모든 사람들이 이 농부라고 가정해 보자.

아마 여기서 내가 '대부분의 사람들은 물통의 물을 한 바가지도 남김없이 다 밭에다 뿌릴 것이다. 그들은 마중물조차 남기지 않고 물을 다 써 버릴 어리석은 사람들이기 때문'이라 한다면, 이들 중 잠자코 동의할 사람이 얼마나 될까?

여기서 '물'을 우리 마음의 에너지라 비유한다면, 거의 모든 사람들이 마중물을 남기기는커녕 그 펌프가 어디 있는지조차 찾지 못한 채, 가지고 있는 모든 물을 밭에다 뿌려 버리는 모습을 볼 수 있을 것이다.

보이지도 않는 펌프보다, 당장 눈앞에 보이는 '밭'을 더 우선하는 셈이다. 물론 펌프가 어디 있는 줄 알았더라면 당연히 펌프에 물을 부었을 것이라 항변할지 모른다. 펌프가 어디 있는 줄 알았다면, 누구나 당연히 물을 그곳에 부을 것이다.

이제, 그 펌프가 자기 자신이라고 생각해 보자. 만화처럼 수동식 펌프에 손을 달아 의인화시켜도 좋다.

그리고 그 수동식 펌프가 가지고 있는 몇 통의 물을 밭에다 뿌리고 있는 모습도 상상해 보자. 우스꽝스럽다. 스스로가 펌프인데, 이를 깨닫지 못한 펌프는 자기가 어렵사리 얻은 물 모두를 밭에 뿌려 버리고 마는 것이다. 그리고는 빈 양동이를 들

고 말할 것이다.

"펌프가 어디 있었는데? 알았으면 내가 마중물이라도 남겼지!"

더 나가서, 자신이 수동식 펌프였다는 것을 깨달았다고 해 보자. 그리고 자신에게 마중물을 부어, 밭을 다 적시고도 남을 물이 나왔다고 하자.

수동식 펌프는 너무 기뻐서 만세를 부르며 나오는 물 마지막 한 방울까지 밭에다 뿌릴 것이다. 그리고 무언가 이상함을 느낄 것이다. 자신이 펌프 그 자체라는 것을 몰랐을 때와 마찬가지로, 물 한 바가지 남기지 않고 전부 밭에다 뿌려 버렸으니, 다음 번에 사용할 물이 없는 건 이쪽도 마찬가지다.

아니, 다 뿌려버린 직후 이를 바로 깨닫는 것도 어려운 일이다. 한번 물을 뿌린 밭에서는 작물들이 자라기 시작하고, 그 모습을 보며 기뻐할 것이다. 그러다가, 다음에 밭에 물을 뿌려야 할 때가 되어서야 깨닫는다. 물이 한 바가지도 남아있지 않아 밭에다 줄 물이 없는 것이다.

하지만 이런 수동식 펌프의 모습을 마냥 어리석다고만 할 수는 없다. 이는 곧 우리 모두의 모습이기도 하기 때문이다.

마중물의 사전적 의미

마중물이란 과거 수동식 펌프를 사용할 당시에 수동식 펌프를 작동하여 물을 끌어 올리기 위해서 펌프 위로 붓던 한 바가지의 물을 말한다.

물을 끌어 올리기 위해 펌프 자체에 투여되는 소량의 물은 사람에게도 그대로 적용될 수 있다. 개개인이 하나의 펌프라고 생각했을 때 한 바가지의 물을 자신에게 쏟아붓지 않고서는 조금의 에너지도 얻을 수 없다는 뜻이기도 하다.

마중물 요법이란

> "내가 나를 위해 **해줄게" "응"
> "(내이름)아/야 ** 해줘서 고마워~ 잘했어!" "응"
>
> 마중물 요법이란 일상 서비스를 스스로에게 해주고 있는 그 순간을 포착해 스스로에게 이렇게 말하는 것이다.

마중물 요법이란 간단하다.

가장 기본적인 욕구(기본적 일상 서비스에 대한 욕구)와 그 욕구의 열쇠라고 할 수 있는 **기본적인 에너지**를 동시에 인지하는 것이다. 기본적 일상 서비스는 모든 사람이 하는 것이다.

그 일상 서비스를 스스로에게 해주고 있는 그 순간을 포착해 스스로에게 **"내가 나를 위해 ** 해줄게."** 라고 말하는 것이 마중물 요법이다. **"내가 나를 위해 ** 해줄게."** 라고 말한 다음 **"응."** 이라고 대답도 한다. 기본적 일상 서비스를 말 그대로 스스로 해준다.

그 후에 또 덧붙여야 할 것이 있다.

"○○아/야. **해줘서 고마워. 잘했어."

라고 말해야 한다. 그리고 다시 "응."이라고 대답도 한다. 기본적 일상 서비스의 행위 앞뒤로

"내가 나를 위해 **해줄게."와
"○○아/야. **해줘서 고마워. 잘했어."

를 앞뒤로 덧붙여 말하고 스스로 대답도 하는 것을 마중물요법이라 이름 지었다.

기본적인 일상 서비스가 먹기, 씻기, 자기, 빨래하기, 청소하

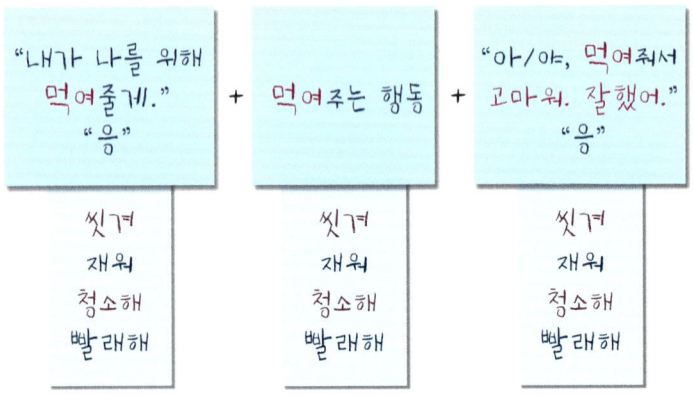

기라는 것을 생각하면 다음과 같이 도식화 할 수 있다.

마중물은 이 다섯 가지에다 두 가지가 첨가된다. 먹여주는 행동에 음식을 해주는 것과 음식을 먹고 설거지를 해주는 행동이 추가되는 것이다. 이 두 가지 다 먹는 것에서 파생된 것이지만 중요도로는 다른 마중물들과 비교해도 뒤처지지 않기 때문에 목록에 같이 올리게 되었다.

이것을 충실히 한다는 전제하에 "내가 나를 위해 일해"주는 것을 첨가할 수는 있다. 하지만 일하는 것보다 이 일곱 가지가 더 중요하다는 것을 강조하기 위해 위의 일곱 가지만으로 한정하기로 한다.

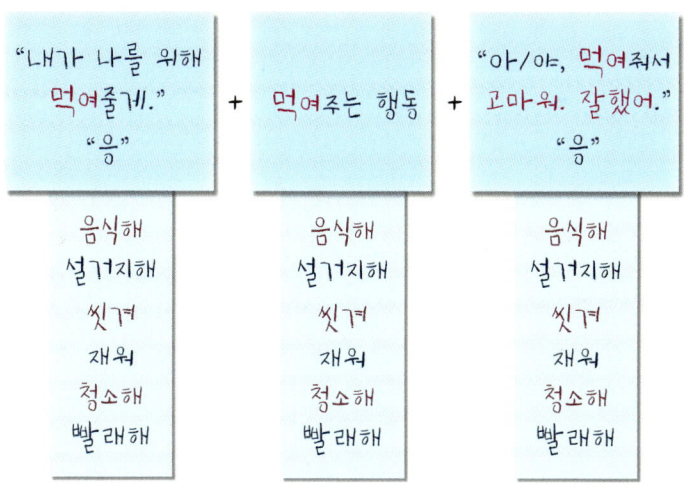

마중물요법은

대부분의 사람은 이 마중물 요법을 하라고 할 경우 왜 하라고 하는지 궁금해하고 의아해한다. 그리고 잘 실천하지 못한다.
앞으로의 논의는 이 마중물 요법을 왜 해야 하는지 그 이유

에 대해 여러 가지 관점별로 나누어 설명하고 그 임상적인 효과에 관해 얘기할 것이다. 그리고 맨 마지막에는 이 마중물이 잘 안 되는 사람들을 위한 조언에 관해 설명하기로 하자.

(영희, 철수)에 내 이름을 넣고, 소리 내어 말해 보세요

철수야
씻겨줘서
고마워
잘했어
응

너를 위해

고마워
잘했어
Yes

1
잠겨있는 욕구를 푸는 열쇠
마중물

1. 잠겨있는 욕구를 푸는 열쇠, 마중물

기본적인 욕구를 먹고, 자고, 씻고, 청소하고, 빨래하고, 밥하고, 설거지하고 싶어 하는 것이라고 정의하자. 기본적인 욕구와 마중물의 종류는 같다
'나'의 문제점들을 근본적으로 해결하기 위한 하나의 마스터키로서 마중물을 제안한다.

내'가 욕구를 인식하기 위해서는 먼저 기본적인 욕구에 대한 결핍을 느껴야 한다.
결핍이 느껴지고 나서 결핍에 대한 분노가 생기고, 그 분노가 억압되면서 대리욕구가 발생한다.

모든 '나'의 결핍은 결국 가장 기본적인 욕구들이 채워지지 않는 것으로 시작을 하게 되지만 '내'가 처음 인식하는 결핍은 확인욕구에 대한 결핍이다.

'내'가 욕구를 인식하기 위해서는 먼저 기본적인 욕구에 대한 결핍을 느껴야 한다.

결핍이 느껴지고 나서 그 결핍에 대한 분노가 생겨난다. 그 분노는 결핍을 해소하기 위해 생긴 것이지만 분노가 결핍을 해소하지 못하는 상황이 생긴다. 또는 분노가 해결하면 안 되는 상황이 발생하게 된다. 그럴 때 결핍을 간접적으로 해소할 방법을 찾아 나서게 된다. 그것이 대리욕구다. 결핍 상황이 심하다면 그 대리욕구 역시 채워지지 않는다. 대리욕구의 결핍이 발생하는 것이다. 그러면 다시 결핍에 대한 분노가 생기고 그 분노가 억압되면서 또 다른 대리욕구가 발생한다.

이렇게 결핍과 분노와 대리욕구가 삼 겹을 이루어 차곡차곡 '나'의 내면에 쟁이게 된다. 아마도 이런 모양으로 쌓이게 된 삼 겹의 본능인자들은 결핍 상황이 길어질수록 각자의 본능인자 별로 다시 합종연횡하여 자기들 스스로 해소의 길을 찾아 나선다.

그리하여 결핍은 결핍대로 그 끝없는 식탐을 자랑하면서 무언가를 욱여넣고자 한다. 분노는 분노대로 뭉쳐 폭발할 건수가 없는지 찾아다니게 된다.

그리고 대리욕구는 대리욕구대로 인정욕구에 모든 욕구를 집중시켜서 에너지를 외부로 뿌려대며 스스로의 에너지를 고갈

시키는 것이다. 이러한 '나'의 문제점들을 근본적으로 해결하기 위한 하나의 마스터키로서 마중물을 제안하는 것이다.

욕구 발달의 단계

먼저 욕구 발달의 단계를 간단히 살펴보자. '나'의 가장 기본적인 욕구를 먹고, 자고, 씻고, 청소하고, 빨래하고, 밥하고, 설거지하고 싶어 하는 것이라고 정의하자.

그것은 태어나면서부터 존재하는 욕구도 있겠지만 양육자로부터 학습되는 욕구도 있을 것이다. (최성규 저 '마음의 지도' 참고)

하지만 '내'가 처음 인지하는 욕구는 그런 기본적인 욕구가 아니라 그 기본적인 욕구를 항상 채워주고 있는 존재를 확인하고자 하는 확인욕구이다.

그것을 쉽게 풀어쓰자면 자신을 돌봐주는 양육자를 보고 싶어 하는 욕구라고 할 수 있겠다. 그리고 시간이 지나면 그 확인욕구가 제대로 그리고 손쉽게 충족되기 위해서 그 양육자에게 인정받고자 하는 인정욕구가 발생한다.

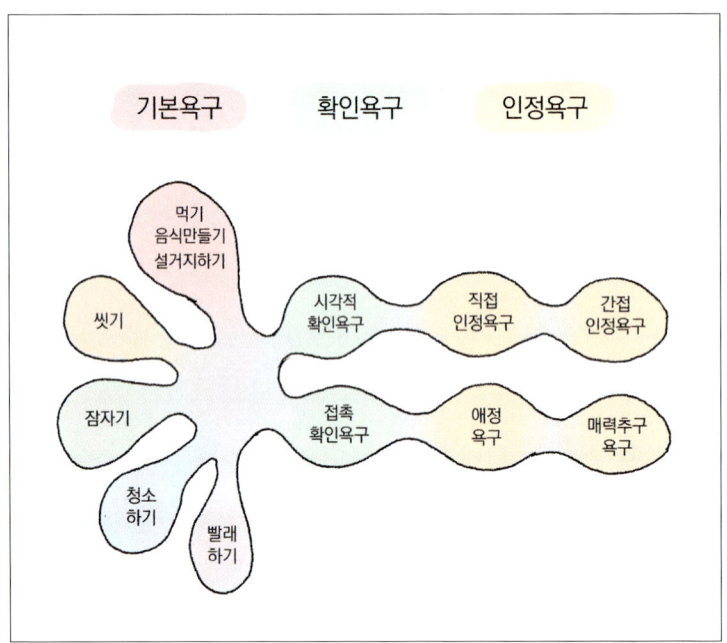

욕구의 도식화 1

때어날 때부터 가지고 태어나는 욕구는 식욕, 배설욕, 수면욕 뿐이라고 상정한다. 그 이후에 만들어지는 욕구는 모두 양육자와 양육자가 만든 환경에 의해서 학습되어 만족하게 된 후, 그 만족도를 기준으로 발생하는 결핍 예방하기 위한 방안으로써 새로운 욕구가 발생하게 된다.

기본적인 욕구의 결핍을 예방하기 위해 확인(애착)욕구가 발생하며 확인욕구의 결핍을 예방하기 위해 직접인정(칭찬)욕구가 발생한다.
직접인정욕구의 결핍을 예방하기 위해서 다시 간접인정(자기실현,성공)욕구가 발생한다.

확인욕구에는 시각적확인욕구와 접촉확인욕구로 나뉘어지며 접촉확인욕구의 직접인정욕구로서 애정욕구(성욕과 결합)가 발생하고 애정욕구의 간접인정욕구로서 매력추구욕이 발생한다.

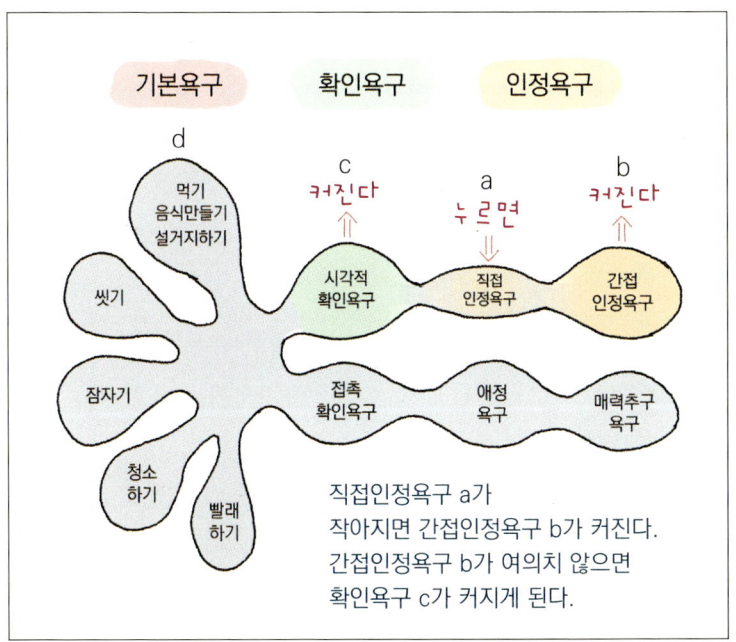

욕구의 도식화 2

욕구들이 모두 연결되어 있는 이유는 욕구가 만들어졌다고 해서 다른 욕구들과 단절되지 않는다는 것을 보여주기 위해서이다.

예를 들어 어릴때부터 칭찬이나 인정을 많이 받지 못했을 경우 직접인정욕구 자체가 커질수도 있겠지만, 아예 욕구의 충족이 이루어지지 않는다면(a) 다른 욕구들이 커지게 된다.

욕구 발달 순서상 다음 욕구인 간접인정욕구가 커져서 성공에 대한 열망이 가득한 사람이 되는 것이다(b).

만약 성공에 대한 시도조차 여의치 않을 때에는 욕구 발달 순서를 거슬러 와서 확인욕구가 커지게 된다.
이런저런 노력들이 다 실패할 경우 자신을 위로해줄 누군가가 간절히 그리운 법이다(c).

그것도 충족되지 않을 정도로 결핍이 심각할 때는 먹는 것에 과도하게 집착하여 폭식하거나 모든 것을 회피하고 잠만 자기도 한다(d).

확인욕구에는 오감에 따른 다섯 가지 확인욕구가 있으며 그 확인 욕구 중에 임상적으로 가장 중요한 확인욕구 둘을 꼽자면 시각적 확인욕구와 접촉 확인욕구 둘을 얘기할 수 있겠다. 그 확인욕구의 종류에 따라 인정욕구도 발달하게 된다.

인정욕구는 다시 직접인정욕구에서 간접인정욕구로 발달하게 되는데 그 발달에 맞춰서 시각적확인욕구에서 발달한 직접인정욕구와 간접인정욕구, 접촉확인욕구에서 발달한 직접인정욕구인 애정욕구. 거기에서 발달한 간접인정욕구인 매력추구욕구로 나눌 수가 있다.

모든 '나'의 결핍은 결국 가장 기본적인 욕구들이 채워지지 않는 것으로 시작을 하게 되지만 '내'가 처음 인식하는 결핍은 확인욕구에 대한 결핍이다.

'나'는 그 결핍을 채우기 위해 남아돌아 필요 없는 확인욕구와 인정욕구를 (심지어 기본적 욕구도) 대리욕구로 집착하기만 한다. 그 대리욕구가 어디에서 기인한 것인지 모르기에 욕구의 근본적인 해소는 일어나지 않는다.

근본적으로 해소되지 않는 욕구는 결핍으로 남고 다시 그 결핍을 해소하기 위해 대리욕구에 집착하는 악순환이 계속되는 것이다.

기본적인 욕구를 충족시키는 마중물

> "내가 나를 위해 **해줄게"
>
> 라는 말을 직접 입 밖으로 내어서 말해보자.
> 다른 사람이 옆에 있어 소리 내 말하기 쑥스럽다면
> 머릿속으로 한 자 한 자 곱씹어 말해보자.

이미 기본적인 욕구와 마중물의 종류가 같다는 점에서 앞으로 할 얘기들을 미리 짐작할 수 있을 것이라 믿는다.

모든 결핍의 가장 근본적인 결핍은 기본적인 욕구들과 기본적인 욕구들을 둘러싼 대리 욕구들의 결핍에 있다. 그것을 '내'가 모를 뿐이다.

그러므로 스스로에게 기본적인 욕구들에 해당하는 기본적인 에너지들을 채워줌으로써 그 욕구의 결핍을 해소할 수 있다. 기본적인 에너지를 채운다고 하는 것은 스스로에게 기본적인 일상생활서비스를 해준다고 하는 것과 같은 말이다.

이미 '나'는 기본적인 에너지를 스스로에게 채워주고 있으므로 말만 해준다고 스스로에게 일깨워줘도 그 효과는 매우 큰 것이다.

　기본적인 욕구란 기본적인 에너지를 누군가로부터 받고자 하는 것이다. 하지만 이미 그 기본적인 에너지는 자기 스스로에게 받고 있다. 받고 있지만 다른 사람으로부터 받기를 원하여 자기 스스로 오는 에너지를 애써 외면하고 받기 싫어하는 것이다.

　그리고는 최대한 불쌍한 자신을 타인(양육자)에게 호소하려고 한다. 하지만 그 방법은 영유아기 때 쓰던 방식이다. 물론 그 때 부모로부터 '내'가 만족스럽게 받지 못한 사람일수록 그 방식에 집착하기 마련이다. 이제는 아무리 기다려도 영유아기 때 방식으로 에너지를 주는 사람은 없다. 결국 스스로 해야 한다. 그것을 깨닫는 데 많은 시간이 걸리는 것 같다.

　물론 영유아기 때 방식으로 에너지를 채워주는 인간 관계도 있다. 그것이 연인 관계인데 서로를 아기라고 부르며 서로의 부족했던 판타지를 채워주게 된다.

　하지만 대가가 있으므로 공짜가 아니어서 그것이 근본적인 해결책은 아니며 상대방과의 관계에 따라 다시 깨어나 현실로 돌아와야 할 때도 있다.

　마중물은 가장 직접적인 방식으로 그 기본적인 욕구를 채워주게 된다.

내가 나를 위해 **해줄게라는 말을 직접 입 밖으로 내어서 말해보자. 다른 사람이 옆에 있어 소리 내어 말하기 쑥스럽다면 머릿속으로 한 자 한 자 곱씹어 말해보자.

그 말 자체가 '나'는 이미 '나'에게서 기본적인 욕구 충족을 기본적인 에너지 형태로 공급받아 왔으며, 공급받고 있고, 공급받을 것이란 사실을 인식하게 만들어 준다.

청각적 확인욕구를 충족시키는 마중물

내가 나를 위해 **해줄게

누군가가 보고 싶어 죽을 만큼 허전하거나 외로운 마음에 병적인 관계를 정리하지 못하는 사람들이라면 이 마중물요법은 충분한 도움이 될 수 있다.

확인욕구란 누군가를 보고 싶어 하는 욕구이다
청각 확인욕구를 채우다 보면 누군가를 좀 덜 보고 싶어 하게 된다.

확인욕구에는 시각 확인욕구와 촉각 확인욕구가 가장 중요하지만 간과해서는 안 될 것이 청각 확인욕구다.

기본적 에너지의 공급자가 자신이 옆에 있다는 것을 알려주는 것만으로도 영유아는 불안이 감소한다. 시각 확인욕구와 촉각 확인욕구가 잘 충족이 안 된다 하더라도 끊임없이 기본적 에너지를 공급해주겠다고 '내'가 속삭여 준다는 것을 주목하자.

그리고 그 속삭이는 '내'가 실제로 '나'에게 기본적인 에너지를 공급하고 있다는 것은 흔들리지 않는 진실이다. 그 진실을 바탕으로 그 에너지 공급자인 '내'가 에너지가 필요한 '나'에게 언제나 시간차 없이 즉각적으로 나타나 주겠다는 다짐이다. 그러므로 양육자가 해주는 확인욕구 충족보다 더 확실한 확인욕구의 충족이 될 수 있다.

확인욕구란 누군가를 보고 싶어 하는 욕구 이므로 스스로 청각 확인욕구를 채우다 보면 누군가를 좀 덜 보고 싶어 하게 된다는 의미다.

누군가를 보고 싶어 하는 욕구가 채워지지 않는다는 것은 좀 더 외로워진다는 뜻이며 반대로 누군가를 보고 싶어 하는 욕구가 스스로 채워진다는 것은 좀 덜 외로워진다는 뜻이다.

즉, 누군가가 보고 싶어 죽을 만큼 허전하거나 외로운 마음에 병적인 관계를 정리하지 못하는 불쌍한 사람들이라면 이 마중물요법은 충분한 도움이 될 수 있다.

인정욕구를 충족시키는 마중물

> ****해줘서 고마워~ 잘했어!**
>
> '내'가 '나'에게 하는 무제한의 칭찬으로 '내'가 밖으로 나가 남으로부터 인정을 받기 위해 노력하는 모든 에너지 낭비들이 필요 없어진다는 것을 체험으로 깨닫게 해야 한다.

직접 '나'를 먹이고 씻기고, 재우고, 청소해주고, 빨래해준 다음에 에너지 공여자인 '나'에게 에너지를 받은 '내'가 이름을 부르고 고마워하며 칭찬을 해준다면 그것이 인정욕구를 충족시키는 것과 다름없다.

원래 인정욕구란 확인욕구가 비활성화되어 있으면 그것을 활성화하며 앞으로도 비활성화될지 모르는 확인욕구를 미리 활성화해주는 역할을 한다.

그렇지만 그 인정욕구의 인정이라는 것의 기준이 상대방에게 있기 때문에 '나'를 인정받게 하기 위해 얼마나 노력해야 하는가의 한계를 '내'가 모른다는 데에 문제가 생긴다.

인정욕구를 모든 욕구의 주된 대리욕구로 삼는 '나'는 그만 큰 에너지 소모가 극심할 수밖에 없다.

사람의 관계에서 지쳐 공황장애가 생기는 이유도 이 인정욕구가 너무 강하기 때문이다. 인정욕구가 강하다는 뜻은 어떤 대가를 치르더라도 반드시 인정받고 말겠다는 의미다.
그래서 좀 더 많은 희생을 치르고 인정을 받게 된다. 이런 에너지 교환이 자주 일어날수록 에너지 교환비율이 커진다. 10배 20배 30배의 에너지를 주고 인정에너지 하나를 받게 되는 경우가 발생하는 것이다.
이런 일이 반복될 경우 에너지 교환 효율이 떨어지고 결국 심리적 에너지 고갈 사태에 이르게 된다.

성인인 경우 '내'가 '나'를 위해 기본적인 에너지를 제공하고 있으므로 그 기본적인 에너지를 향한 기본적인 욕구를 채우기 위해 간접적인 대리욕구로서 누군가를 보고 싶어 하고(확인욕구), 그 누군가를 본다고 하더라도 '나'를 외면하지 않게 하기 위해 누군가의 마음에 들려고 노력하는 것(인정욕구)은 터무니없는 에너지 낭비일 수밖에 없는 것이다.

그것은 영유아 시절 '나'의 능력이 없어 전적으로 양육자에게 의지할 수밖에 없을 때의 심리적인 관성이 남아 있기 때문이다. 그 심리적인 관성을 깨기 위해서는 성인이 되어도 여전히 타인에게 의지하여 타인의 손으로 기본적 에너지를 얻고자 하는 '나'에게 이미 '나'는 성인이므로 '나' 이외의 양육자가 필요 없노라고 선언해야 한다.

그리고 못 미더워하는 '나'에게 실제로 기본적인 에너지를 잘 공급해야 하면서 '나'에게 지속적인 믿음을 주어야 한다.

'내'가 '나'에게 하는 무제한의 칭찬을 받는다면 '내'가 밖으로 나가 남으로부터 인정을 받기 위해 노력하는 모든 에너지 낭비들이 필요가 없어진다는 것을 체험으로 깨닫게 해야 한다.

이것은 마중물 요법이 에너지를 만들어 내는 방법 중에 하나다.

내가 나를 위해
머리 예쁘게
빗어 줄게 응

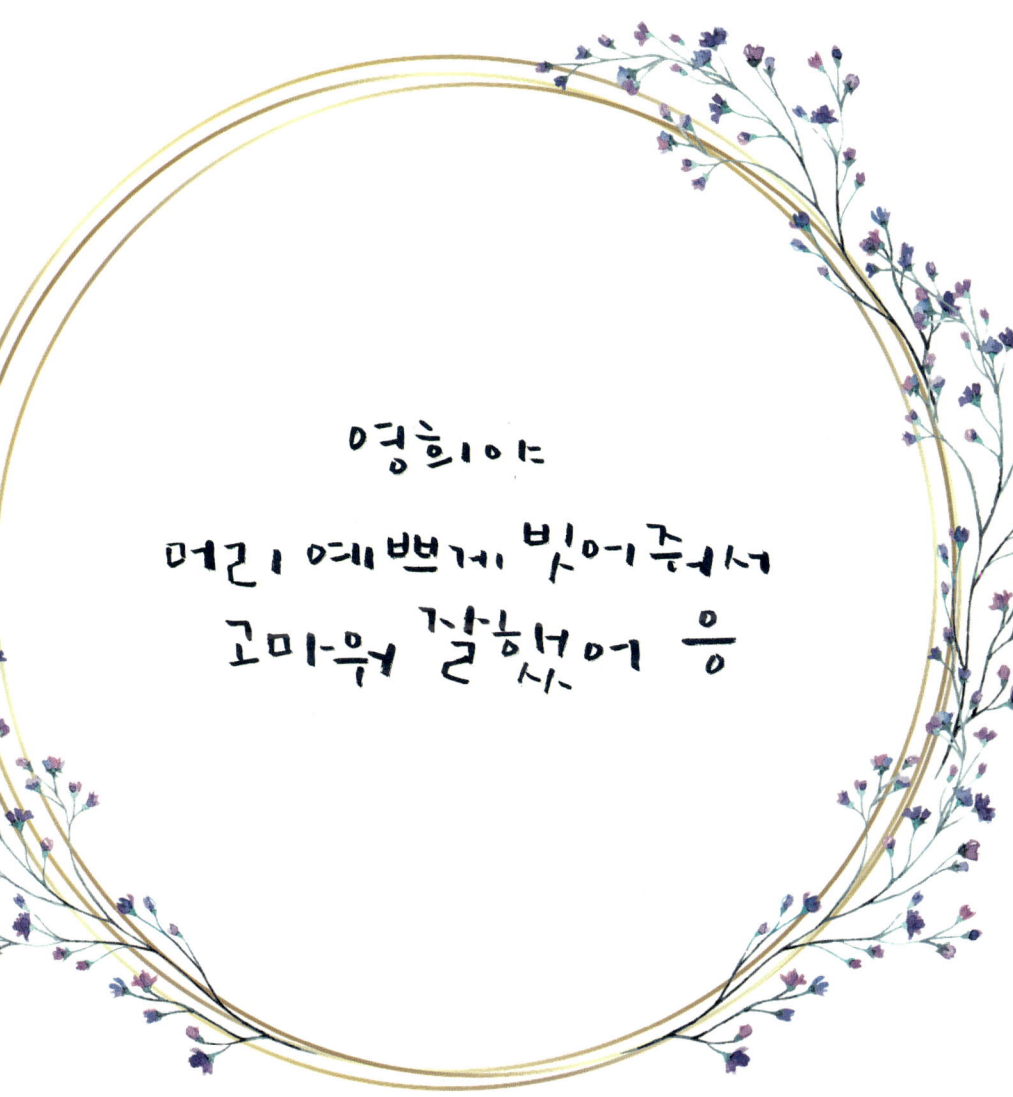

K 심리학 1
정신의학과 전문의 **최성규**의 K심리학

K심리학이란,,,

나는 임상에서 환자들을 치료하는 과정에서,
기존의 심리학이 가진 문제점들에 대해 생각하게 되었다.

그 중 하나는 이론이 증상에 맞추어서,
즉 상황에 따라 그때그때 바뀌어야 한다는 것인데,
이는 환자를 치료하기 위해서 매번 그 환자의 상태에 끼워
맞출 수 있는 이론을 찾아야만 한다는 것을 의미한다.

나는 여기서 통합된 이론 체계가 필요함을 느꼈고,
심리적 에너지의 관점으로 이론들의 원리를 통합하여,
K심리학이라 명명하였다.

출처 마음의 지도 (최성규 지음)

본능과 욕구 1

본능 불편함을 해결하고 편함을 추구하는 것.

욕구 본능에는 불편함(결핍)이 이미 포함되어 있다. 이 불편함(결핍)이 욕구에 포함될 때 막연한 개념으로 포함되지는 않는다. 아주 구체적이고 자세한 불편감이 선행되는 것이다.
그리고 그 불편함은 신생아의 무능함과 양육자의 부재(不在)에 의해 생긴다.

본능은 새로 발생한 모든 불편함을 제거하고자 하는 환경에 대한 공통적인 복구 욕(심리적 항상성)이라고 한다면, 욕구는 신생아의 무능함(인식하지도 못하는 무능함) 때문에 발생한다.

본능
새로 발생한 모든 불편함을 제거하고자 하는 환경에 대한 공통적인 복구 욕 (심리적 항상성) 이다.

무능한 신생아의 말초기관에서 느껴지는 불편함(의식적이지만 인식하지 못하거나 인식하더라도 중요하게 생각하지 못함)으로 인해 양육자를 향

1. 잠겨있는 욕구를 푸는 열쇠, 마중물   51

해 발생하는 복구 욕(의식적이나 인식하지 못함)이라고 할 수 있겠다.

즉 어떤 형태의 불편함(결핍)이냐, 어떤 말초기관을 통해 유입된 불편함이냐에 따라 욕구의 종류가 달라지는 것이다. 그러므로 욕구가 다양해질 수밖에 없다. 여기서 신생아가 최초로 느끼는 불편함, 춥거나 배고픔을 느끼는 것은 인간이 가지고 있는 유한한 조건들 때문에 나타나는 현상일 뿐이다.

인간은 털이 없어서 체온을 유지하는 데 어려움이 있다. 체온을 유지하려면 에너지가 소모되어야 하고 에너지를 소모하려면 먹어서 채워야 한다.

그것은 마치 인류가 어떤 자연환경에서 정착하게 되었는지에 따라 문화가 달라지는 것과 같은 것이다.

> 욕구
> 신생아의 무능함
> (인식하지도 못하는
> 무능함)
> 때문에 발생한다.

물이 부족하고 넓은 벌판과 목초지밖에 없는 대초원에서는 말을 타고 달리며 가축을 키우는 삶을 살 수밖에 없다. 그리고 모든 음식을 가축으로부터 얻는다.

북극에 가까이 사는 사람은 농사도 축산도 할 수 없기 때문에 사냥에 의지하며 심지어 비타민까지도 날고기로 채워야 한다.

그들의 삶이 우리와 그렇게 다른 이유는 그 자연환경의 제한 조건 때문이다. 할 수 없는 것과 있는 것이 너무나 분명하므로 인간은 할 수 있는 것에 집중할 수밖에 없다(할 수 없는 것을 극복하고자 하는 인간의 자유의지는 그다음 단계의 얘기다.)

물은 지형에 따라 흐르듯이 우리의 마음도 제한된 환경에 따라 흐른다. 형식이 내용을 지배하는 것이다. 아마 '내' 마음의 흐름도 몸이 제한되었기 때문에 생기는 마음의 물길을 따라 흐르도록 정해져 있다고 할 수 있다. 서양에서는 인간의 마음이 태어나면서부터 원래 존재한다는 생각이다. 하지만 동양에서는 늘 그러하듯 마음은 인간의 속에 있기도 하고 없기도 하다고 얘기한다. 원래 인간의 마음은 고요한 수면과도 같은 상태였으나 주변의 환경에 의해 물결이 일게 되었고 그 물결에 의해 마음이 생긴다고 말하고 싶다. 마음이 생길 수 있는 조건이 갖추어진 것으로 마음은 이미 존재해 있다고도 할 수 있지만, 주변의 환경이 존재하지 않으면 마음은 있어도 존재하지 않는 것이나 마찬가지다.

마음이 포함되어 있지 않은 인간의 제한된 조건을 양육자가 보충하고 늘 일정 분량을 채워서 조건을 극복하게 도와주면 '나'는 아무런 기준이 없던 상태에서 양육자가 늘 제시하는 그 새로운 기준을 기대하게 되는 상태로 바뀌게 된다(비교기준 상향조정).

그리고 그 기대가 채워지지 않으면 채워지기를 바라는 '소망(뭐라 부르든 상관없다.)'이 발생하게 된다. 그 마음을 본능이라고 생각하는 것이다.

그 소망이 어떤 조건에 관한 소망이냐에 따라 체온을 유지하고자 하는 욕구, 먹고자 하는 욕구, 자고 싶어 하는 욕구 등등의 욕구로 불리게 된다.

이 생각이 아주 중요하다. 바로 이런 본능과 욕구의 관계 정립이 프로이트의 쾌락원칙과 매슬

프로이트의 쾌락원칙
불쾌를 회피하고 쾌를 추구한다

로의 욕구 이론을 결합하는 열쇠가 되기 때문이다. 기본적 욕구가 채워져야 다음 단계의 욕구를 채우려고 하는 것이 아니라 기본적 욕구의 결핍을 예방하기 위한 노력으로 다음 단계의 욕구인 확인욕구가 생성된다.

그리고 다시 확인욕구의 결핍을 예방하기 위해 인정욕구가 생성된다. 충족이 다음 단계의 욕구를 만드는 것이 아니라 결핍이 다음 단계의 욕구를 만든다.

예를 들어 기본적 욕구의 결핍이 심한 경우 다음 단계의 확인욕구가 강해진다. 그리고 확인욕구가 강한 만큼 잘 채워지지 않으며 최종적으로 만들어지는 인정욕구 또한 강해진다.

인정욕구가 강하다는 뜻은 웬만한 손해는 감수하더라도 인정받기를 포기하지 않겠다는 뜻이다.

이 집념은 적당할 때는 사회적 성공을 가져다주지만 심할 때는 오히려 심각한 에너지 고갈이나 자존감의 저하를 가져온다.

매슬로의 욕구 단계설
인간의 욕구가 낮은 단계에서 높은 단계로 구성되어 있고 낮은 단계가 충족되고 나서야 다음 단계의 욕구를 충족시키려 한다는 이론이다. 생리적 욕구, 안전 욕구, 소속 및 애정욕구, 존중 욕구, 자기실현의 욕구 등으로 나눈다.
A. H. Maslow, 1943, 「A Theory of Human Motivation. Classics in the History of Psychology」, Originally Published in Psychological Review, 50, 370-396.1)

(영희, 철수)에 내 이름을 넣고, 소리 내어 말해 보세요

내가
나를 위해
열무김치 먹여줄게

응

영희야
열무김치 먹여줘서
고마워
잘했어

응

나를 위해

고마워
잘했어
Yes

2
자존감 회복의 열쇠
마중물

2. 자존감 회복의 열쇠, 마중물

첫 번째 에너지 절약 기본적 에너지에 대한 마중물
기본적 일상 서비스를 스스로에게 늘 해주고 있다는 것을 인식시키는 행위

두 번째 에너지 절약 확인 에너지의 충족
마중물 요법을 스스로에게 들려주어 기본적 일상 서비스를 해주는 주체가 '나'의 옆에 실시간으로 있다는 것을 알리는 행위

세 번째 에너지 절약 인정 에너지의 충족
스스로를 칭찬해주어 인정하는 행위

임상에서 환자들에게 마중물을 시킬 경우 제대로만 하면 전방위적인 삶의 회복이 일어나는 것을 볼 수 있다. 물론 심리적 에너지가 회복되므로 일어나는 일일 것이다.

또 에너지가 계속 쌓이다 보면 다음단계의 변화가 일어나는데 그것은 바로 자존감의 회복이다. 자존감이 낮은 '나'는 자기 자신에 대한 평가가 낮다는 뜻이다.

실제로는 단순히 평가가 낮은 것으로 끝나지 않는다. 자존감이 낮은 '나'는 항상 자기비하가 심하다. 작은 문제만 생겨도 '나'에 대한 욕설과 비난을 퍼붓게 된다. 아마도 자기비하가 먼저 오고 자기비하의 결과로 자존감이 낮아지는 순서가 맞을 것이다. '내'가 '나'를 비난하지 않으면 자존감이 낮아질 이유가 없는 것이다.

자기 비하의 첫 번째 원인

나는 자기 비하는 양육자로부터 발생할 수밖에 없다고 생각한다. 양육자에게 인정을 받아 내는 과정에서 발생한다는 것이다. 인정욕구를 채우는 과정에서 반드시 자기변형적 태도 autoplastic attitude를 보이고, 그래야만 한다.

자기변형적 태도가 생기지 않는다면 인류는 지금보다 훨씬 더 큰 재앙에 직면했을 것이다. 이것이 양육자에 의해 과하게 발생해서도, 덜 발생해서도 문제가 되는 것이다.

자기변형적 태도가 강하면 강할수록 자신이 양육자에게 인정받지 못하는 이유를 자신이 양육자의 기준에 맞추지 못했기 때문으로 인식한다. 결국 인정받지 못하는 이유는 자기 자신의 책임이 되는 것이다.

> 프로이트 학파의 타자변형적 적응alloplastic adaptation 과 자기변형적 적응autoplastic adaptation.
> 자아가 환경에 적응하기 위해 사용하는 적응유형. 자기가 변하지 않고 타자를 변형시키는 것과 타자보다는 자기를 변형시킴으로써 적응하는 방법을 말한다.
> 이 책에서는 적응을 태도attitude로 바꾸어 명명하며 확인욕구에서 인정욕구가 발생하는데 반드시 필요한 태도 전환으로 본다.
> 떼를 쓰면서 타인(양육자)의 변화를 요구만 하는 태도에서 자기가 변하여 타인(양육자)의 요구에 맞춰 노력하고 타인의 인정을 구하고자 하는 태도로 전환되어야만 비로소 인정욕구가 발생하기 때문이다.

이 자기변형적 태도에는 과거의 경험을 바탕으로 양육자의 반응을 예측하는 기능이 포함되어 있다. (경험적 예측)

양육자의 평상시 태도를 미루어 짐작하여 '내'가 자신을 변형시킬 기준을 마련해야 한다. '나'의 이 예측기능을 프로이트식으로 말하자면 초자아superego라고 부를 수 있겠다.

만약 '내'가 마련한 자기변형이 양육자의 기준에 미치지 못하게 되어 인정받지 못하거나 오히려 비난을 받는다면 '나'는 미숙한 자신을 탓하게 된다. 이러한 자기변형적 태도는 양육자의 반응에 따라 자기 비하로 이어질 수도 있다. 양육자의 칭찬이나 인정이 '나'의 노력에 비해 빈약할수록 자기비하는 점점 더 심해진다.

자기비하의 두 번째 원인

지금부터 이상한 우화를 하나 얘기해 보겠다. 일견 말이 안 되고 억지같은 느낌이 들어도 끝까지 집중하여 읽어 보자.

딸을 귀찮아하는 엄마

어머니와 딸이 있다. 어머니는 딸을 위해 모든 것을 제공해준다. 딸에게 먹이고 씻기고 재우고 청소해주고 빨래해주면서 하루하루를 보낸다.

이 어머니의 특징은 무척 자기 딸을 사랑한다는 것이다. 그래서 매일 같이 딸에게 사랑한다고 말을 한다. 하지만 정작 기본적 일상 서비스를 하는 데는 귀찮아하고 힘들어한다. 매일 같이해야 하는 일상사이기에 지겹기도 한 것이다.

딸에게 밥을 해주면서 싫은 기색을 보이기도 하고 씻겨주면서 귀찮아하는 태도를 보인다. 청소와 빨래는 대충하거나 건너뛴다. 해주더라도 딸에게 짜증을 내면서 한다.

딸은 삶에 필요한 기본적인 일상 서비스를 받고는 있지만 해주는 어머니의 태도로 인해 어머니가 자신을 좋아하지 않는다고 생각한다.

어머니에게 감사해하지 않고 긍정적인 반응이 없다.

어머니는 모든 기본적인 일상 서비스를 다 해주는 자신에게 돌아오지 않는 긍정적인 피드백을 얻고 싶어 한다. 자기 딸이 해주지 않으므로 어머니는 그 긍정적인 반응을 얻기 위하여 뜬금없이 옆집을 찾아가게 된다.

옆집에 사는 사람에게 자기 집의 재료를 가져다가 음식을 해주고 옆집 아이를 씻기며 옆집을 청소하고 옆집 빨래를 열심히 해준다. 옆집 사람은 어머니에게 너무나 고마워한다.

어머니가 보이는 행동은 자기 딸에게 하는 행동보다 훨씬 더 진심이 담겨 있는 것처럼 보이며 훨씬 더 살뜰히 챙겨주기 때문에 옆집 사람은 어머니를 진심으로 좋아할 수밖에 없다.

그래서 옆집 사람은 어머니에게 보답하려고 어머니가 해준 음식을 먹고 남긴 것을 다시 어머니에게 주며 말하게 된다.

"너무 감사해요. 당신은 너무 착하고 정말 멋진 사람이에요. 당신은 우리 가족과 같은 존재입니다. 우리가 힘들 때 가장 먼저 당신이 생각날 것 같아요. 당신도 언제든 힘들 때 이 집을 찾아오세요. 당신에게는 항상 열려 있답니다."

옆집 사람들에게 들은 극찬으로 인해 어머니는 자신이 살아가는 이유를 찾았다고 생각한다. 그리고 옆집 사람이 먹고 남은 음식(원래 딸에게 줄 음식)을 받아 들고 옆집 사람들에게 얘기한다.

"너무 감사합니다. 저에게 이런 후한 칭찬을 해 주시고 또 음식까지 남겨주시다니 제가 몸 둘 바를 모르겠습니다. 당신들은 너무 친절하시네요. 복 받으실 거예요."

그리고는 옆집 사람이 건네준 음식을 가져다가 자기 딸에게 준다.

"내가 너 먹이려고 사다 놓은 불고기를 옆집 사람들에게 정성을 다해 만들어 주었더니 옆집 사람이 친절하게도 남겨 주었구나. 그리고 나에게 정말 착하고 좋은 사람이라고 칭찬을 해주었단다. 이 엄마가 자랑스럽지 않니? 참, 너 주려고 사다 놓은 아이스크림도 옆집 사람에게 주었더니 정말 좋아하더구나."

딸은 어머니가 건네준 음식을 먹으면서 어이없는 눈으로 어머니에게 말한다.

"엄마 미친 것 아냐? 어떻게 자기 딸에게 줄 음식을 남을 주고 남이 먹다 남긴 것을 자기 딸에게 줄 생각을 해? 엄마가 나를 사랑하기나 해? 엄마가 나에게 사랑한다고 말하는 것은 모두 거짓말이야. 엄마가 나를 사랑한다면 나에게 이렇게까지는 하지 않을 거야. 엄마는 나쁜 엄마야. 엄마가 정말 정말 싫어. 나는 엄마가 내 엄마가 아니었

> 내가
> 나를 위해
> 먹을 것을 사다 줄께
> 음

으면 좋겠어. 아니 엄마가 죽었으면 좋겠어."

　어머니는 딸에게 그런 말을 듣고 견딜 수가 없다. 어머니의 자존감은 땅에 떨어질 것이다. 딸로부터 견딜 수 없는 말을 듣고 경멸을 당한 뒤에 누군가의 위로를 찾아 다시 옆집에 간다. 그리고 전보다 더 최선을 다해 옆집을 돕고 옆집 아이를 돌본다. 옆집 사람들에게서 듣

> 영희야
> 먹을 것을 사다줘서
> 고마워
> 잘했어
> 응

는 한마디의 칭찬에 간절히 목말라 한다.

딸은 그런 어머니의 모습에 더 절망하게 되며 더 어머니를 비난하게 된다. 악순환으로 인해 어머니는 딸에게 모진 말을 듣고 상처를 받으며 그 상처를 치유하기 위해 더 옆집을 찾게 되며 그 집으로도 모자라면 또 다른 옆집을 찾아 나서게 된다.

> '나'와 '나'의 관계도 인간관계다.
>
> 어머니는 '나'에게 기본적 일상 서비스를 해주는 '나'이고 딸은 '내'가 해주는 것을 받는 '나'이다.

이런 우스꽝스러운 우화가 현실에서는 절대 일어날 일이 없다고 생각한다면 오산이다. 임상에서, 밖에서는 무골호인 아버지가 가족들에게는 폭군인 경우나, 밖에서는 상냥한 엄마가 가족들에게는 냉정한 경우도 봐왔다. 아마 그런 사례를 통해 위 우화를 떠올리게 되었을지도 모르겠다.

물론 이 얘기는 가족 간의 관계 문제를 염두에 둔 것이 아니다. 이것은 '나' 자신의 문제이다. 어머니와 딸을 둘 다 '나'라고 해 보자.

어머니는 '나'에게 기본적 일상 서비스를 해주는 '나'이고 딸은 '내'가 해주는 것을 받는 '나'이다.

'내'가 '나'에게 아무리 사랑한다는 말을 해주어도 기본적 일상 서비스를 해주면서 해주기 싫은 듯한 모습을 보이고 억지로 하는 듯한 느낌이 든다면 '나'는 '나'의 마음과는 별개로 '내'가 '나'를 싫어한다고 생각한다.

'나'는 '나'의 마음을 알고 태도를 알고 있으므로 미적대거나 미루고 하기 싫어하는 모습을 향해 바로 비난을 쏟아내게 된다.

하지만 '나'는 그런 비난을 듣고 자존감이 떨어진다. 그리고 자존감을 회복하기 위해 칭찬을 들을 만한 다른 사람에게 찾아간다. 그리고 그 사람에게 최선을 다한다. 때로는 밥을 사 줄 것이고 같이 영화를 보아줄 것이다. 친구가 힘든 일이 있으면 친구의 마음이 풀어질 때까지 위로해줄 것이며 때로는 집으로 불러 식사를 대접한다. 그리고 어지간한 손해는 감수하고 넘어간다.

'내'가 그런 행동을 보이는 이유는 단 하나다. 다른 누군가로부터 칭찬을 듣기 위해서다.

하지만 '나'는 '나'에게 하는 것보다 훨씬 더 발 벗고 나서며 망설임 없이 해주는 '나'의 모습을 보고 더 분개하며 더 비난하게 된다. 나의 비난이 강화되면 될수록 또 '나'는 떨어진 자존감에 힘들어한다. 결국, 다른 사람들의 칭찬을 얻으러 또다시 밖으로 나가게 된다.

'나'에게 잘해주고 싶지 않은 사람이 어디에 있겠는가. 하지만 일반적인 '나'는 '나'를 늘 비난하고 있다. 그것은 잘해주고 싶다는 마음이 없어서가 아니다. '나'의 '나'에 대한 태도 때문이다.

'나'의 불성실한 태도로 인해 '내'가 살아가는 데 있어 가장 중요한 기본적 일상 서비스가 만족스럽게 채워지지 않으면 '나'는 '나'를 비난할 수밖에 없는 것이다.

하지만 일반적인 사람은 그 비난이 어디에서 비롯되었는지 잘 모른다. 그것은 '나'의 태생적 한계에서 비롯되었다. 태어나면서부터 무능력한 '나'를 키우는 것은 전적으로 양육자의 의

마중물 요법은

지이다. 기본적인 일상 서비스는 '나'의 의사와 상관없이 양육자의 의사로 제공되는 것이다.

커서는 '내'가 '나'에게 양육자 대신 정성껏 보살펴 주어야 한다.

하지만 아무리 크더라도 '나' 보다는 양육자가 '나' 대신해 주는 것을 더 원한다. 양육자의 책무는 '나'의 의식 밖에서 이루어지는 일이다. 인식하고 있지 않던 일이 타의에 의해서 억지로 '내'게 떠맡겨지는 것처럼 느껴지는 '나'는 '내'가 하는 것이 당연하다는 것을 이해하기 어렵다. '내'가 양육자보다 더 '나'를 잘 보살필 수 있다는 가르침을 깨닫기에는 '나'의 마음이 너무 어리다.

그렇게 한 번 인식 밖에서 벌어졌던 일을 '나'의 인식 내로 끌어들여서 주체를 바꾸어 가며 재인식하는 것은 거의 불가능

한 일인 것이다.

일반적인 '나'는 하루하루 살아가는 일 중에 기본적 일상생활(기본적 에너지, 기본적 욕구)에는 관심이 없다. 오로지 오늘 만나고 싶은 사람을 생각하고(확인 에너지, 확인욕구), 그 사람에게서 위로와 칭찬받을 생각을 하고(직접적 인정에너지, 직접적 인정욕구) 어떠한 일의 성사 여부나 해야 할 일, 틀어진 관계를 다시 바로잡는 일(간접적 인정 에너지, 간접적 인정욕구)에 정신을 집중한다.

좀 더 표층적인 사람은 확인욕구 조차 중요하게 생각하지 않는다. 확인욕구는 인정욕구에 가려져 있어 확인욕구 자체의 중요성을 이해하지 못한다.
그럴수록 심층에서 일어나는 자기 자신에 대한 불만과 비난에 대해서는 귀를 닫고(닫는다고 닫히지 않지만) 타인이 주는 칭찬(인정 에너지, 인정욕구)에만 매달리게 되는 것이다.

'나'와 '나'의 관계도 인간관계다. 받는 '나'(딸)는 주는 '나' (엄마)에게 있어 가장 중요한 인물이다. '나'(딸)를 버려두고 다른 사람에게 '내'(딸)가 쓸 에너지를 퍼다 주면 '나'(딸)는 '나' (엄마)와 다시는 말하려고 들지 않을 것이다.

자기 비하를 막는 도구로서의 마중물

> 자기 비하는 '내'가 '나'를 대하는 태도 때문에 생겨난다.
> '내'가 생존하는 데 있어 가장 중요하다고 할 수 있는, '기초적 삶의 기본적인 서비스'를 억지로 해 주는 듯한 태도는 자기 비하로 이어지는 것이다.
> 마중물 요법을 할 때 가장 유의해야 할 점은 그것을 하는 중에 취해야 할 태도에 있다.

자기 비하를 막고 자존감을 높이는 것 그 자체로도 가치가 있지만 자기 비하를 막지 못하면 자존감을 높이기 위해 막대한 에너지를 타인에게 써야 하므로, 자기 비하를 막는다는 것만으로도 엄청난 에너지 낭비를 막을 수가 있어 더욱 중요하다.

자기 비하는 '내'가 '나'를 대하는 태도 때문에 생겨난다. '내'가 생존하는 데 있어 가장 중요하다고 할 수 있는, '기초적 삶의 기본적인 서비스'를 억지로 해 주는 듯한 태도는 자기 비하로 이어지는 것이다.

그렇지만 기본적인 서비스를 '내'가 안 해 주는 것은 아니다. 양질은 아니지만 이미 해주고 있다. 하지만 '나'는 억지로 해주는 기본적인 서비스를 받으면서도 인정을 하지 않는다. 마지못해 억지로 해주는, 마음에도 없는 기본적인 서비스는 받지 않겠다는 뜻이다.

그것은 아무 거리낌 없이 해주고 받던 양육자의 기본적 서비스와 '내'가 해주는 기본적 서비스와의 태도의 차이에서 기인한다.

양육자의 기본적 서비스는 정말로 간절히 다시 받고 싶어 할 만큼 상냥하고 적극적이며 자발적이었던 것(태어난 직후부터 2-3년 내의 기간동안만 해당하며 그 이후로 점점 줄어듦)이지만 '나'의 기본적인 서비스는 마지못해 받을 만큼 마지못해서 해주는 것으로 인식되는 태도의 차이가 있다.

그 상대적 태도의 차이는 결핍을 만들고 그 결핍이 분노를 만들게 되는 것이다. 자기 비하는 양육자가 삶의 기본적 서비스를 제공할 때 보여주는 태도를 똑같이 재현하지 못하는 '나'에 대한 분노다.

그러므로 마중물 요법을 할 때 가장 유의해야 할 점은 그것을 하는 중에 취해야 할 태도에 있다.

무심코 일상적인 무심함으로 나에게 대했던 기본적 서비스

> 화를 푼다는 것은 자기 비하를 멈춘다는 의미이기도 하다. '내'가 스스로 해 주는 밥상을 엎어버리지 않으니, 기존에는 낭비되던 에너지를 절약할 수 있다.
>
> 엄밀히 말하면 실제로는 밥상을 받고 잘 먹고 있지만, 태도는 마치 받지 않은 것인 양 행동한다고 하는 것이 더 정확한 표현이다. 받았음에도 받지 않은 것처럼 생각하고 행동하기 때문에, 결국 '나'는 '나' 아닌 누군가에게 밥상을 구걸하러 다녀야 하는 것이다.

를 자신에게 가장 부드러웠던 양육자인 어머니의 가장 상냥하고 살가웠던 시기의(영유아기) 목소리와 태도를 흉내 내어 자신에게 말해주는 것이 마중물 요법의 가장 핵심적인 부분이다.

"내가 나를 위해 **해줄게.", "응." + **행동 + "○○아/야. **해줘서 고마워. 잘했어.", "응."

이 말들을 기본적인 서비스에 앞뒤로 붙여서 하게 되면 '내'가 '나'에게 내는 화를 풀고 이미 해주고 있던 기본적인 서비스를 스스로 인정하고 받아들임으로써 양육자와의 관계(원초적 관계)를 타인과 재현하려고 애쓰는 데 들어가는 모든 에너지를 아낄 수가 있다.

앞서 말했듯이 화를 푼다는 것은 자기 비하를 멈춘다는 뜻이고, '내'가 스스로 해주는 밥상을 엎어버리지 않으니 낭비되던 에너지가 절약된다는 것이다.

(엄밀히 말하면 실제로는 밥상을 받고 잘 먹고 있지만, 태도는 마치 받지 않은 것인 양 행동한다고 하는 것이 더 정확한 표현이다. 받았음에도 받지 않은 것처럼 생각하고 행동하기 때문에, 결국 '나'는 '나' 아닌 누군가에게 밥상을 구걸하러 다녀야 하는 것이다.)

그것이 마중물로 인해 절약되는 첫 번째 에너지다. 거기에 자기가 엎어버린 밥상을 다시 차려 달라고 구걸하기 위해 남에게 주는 에너지도 절약되므로 두 번째로 절약된다.

마지막으로 밥상을 엎어 버리기만 하는 것이 아니라 자신을 심한 말로 비난하고 상처를 주므로 이 상처를 회복하기 위한 에너지가 따로 낭비된다.

물론 두 번째 세 번째 에너지는 비슷하게 타인으로부터 에너지를 구걸해야 하므로 구분이 어려울 수도 있으나 단순히 화가 나서 자신의 밥상을 스스로 거부하는 것과 자신을 상처 주는 것은 차이가 있다.

자기비하가 심하면 자기비하로 상처 난 자존감을 치유하는 데 불필요한 에너지가 들게 된다.

원초적 관계란? (양육자와의 관계)

어린 시절 '나'는 아무런 노력도 없이 양육자의 일방적인 보살핌 속에서 자라게 된다.
이렇게 에너지가 상호 교류되지 않고 한 방향으로 흘러가는 것을 에너지장(場)이라 부르며 인간관계에서 이런 일방적 에너지장이 형성되는 시기는 '나'의 아주 어린 시절로 국한된다.
이렇게 일방적인 에너지장 속에서 에너지를 만끽할 수 있는 관계를 '나'의 입장에서 부르는 말이다.

요약

첫 번째 에너지 절약	기본적 에너지에 대한 마중물	기본적 일상 서비스를 스스로에게 늘 해주고 있다는 것을 인식시키는 행위
두 번째 에너지 절약	확인 에너지의 충족	마중물 요법을 스스로에게 들려주어 기본적 일상 서비스를 해주는 주체가 '나'의 옆에 실시간으로 있다는 것을 알리는 행위
세 번째 에너지 절약	인정 에너지의 충족	스스로를 칭찬해주어 인정하는 행위

　스스로 해주는 기본적인 서비스를 거부하고(첫 번째 에너지 낭비) 그것을 다시 원초적 관계를 통해 복원하고자 하는 데 들어가는 에너지가 겹으로 소모(두 번째 에너지 낭비)되는 것이다.
　또한 그 과정에서 자신에게 욕을 하거나 비난을 하여 상처가 나게 되며 그 상처에서 회복하기 위한 칭찬을 다른 사람에게서 듣기 위해 세 겹(세 번째 에너지 낭비)으로 에너지가 낭비된다.

다중적으로 낭비되는 에너지를 예방하고 '내'가 나에게 차려준 첫 번째 밥상을 감사해하며 스스로 양질의 에너지로 인식하여 잘 활용하게 만들어 주는 것이 바로 마중물 요법이라고 할 수 있다.

임상에서 환자들에게 마중물 요법을 하도록 처방했을 때 잘 따라오는 환자들의 경우 어김없이 자신에 대한 부정적인 이미지나 부정적인 생각이 사라지며 곧바로 우울감에서 벗어나는 것을 보았다.
이런 경험들이 쌓이다 보니 우울증은 자기가 자기를 미워하고 비난하기 때문에 얻는 병이라는 생각이 들게 되었다.

눈썰미가 있다면, 첫 번째 에너지 절약은 기본적 에너지에 대한 마중물에(기본적 일상 서비스를 스스로에게 늘 해주고 있다는 것을 인식시키는 행위) 해당하고, 두 번째 에너지 절약은 확인 에너지의 충족(요법을 하는 중 스스로에게 그 소리를 들려주어 기본적 일상 서비스를 해주는 주체가 '나'의 옆에 실시간으로 있다는 것을 알리는 행위)에 해당하며, 세 번째 에너지 절약은 인정 에너지의 충족(스스로를 칭찬해주어 인정하는 행위)에 해당한다는 것을 눈치챌 수 있을 것이다.

K심리학 2
정신의학과 전문의 최성규의 K심리학

K심리학이란,,,

나는 임상에서 환자들을 치료하는 과정에서,
기존의 심리학이 가진 문제점들에 대해 생각하게 되었다.

그 중 하나는 이론이 증상에 맞추어서,
즉 상황에 따라 그때그때 바뀌어야 한다는 것인데,
이는 환자를 치료하기 위해서 매번 그 환자의 상태에 끼워
맞출 수 있는 이론을 찾아야만 한다는 것을 의미한다.

나는 여기서 통합된 이론 체계가 필요함을 느꼈고,
심리적 에너지의 관점으로 이론들의 원리를 통합하여,
K심리학이라 명명하였다.

출처 마음의 지도 (최성규 지음)

본능과 욕구 2

한국에만 정情이 있는 이유

정情을 새롭게 정의를 해본다면 사랑에서 성적인 영역을 뺀 나머지를 의미한다고 할 수 있다.

출발은 한국에서만 존재하는 특이한 문화로 어린시절부터 접촉확인욕구가 충분히 충족이 된다는 점이다. 접촉확인욕구는 눈을 감고 잘 때 조차도 자신의 양육자가 자신의 옆에 존재한다는 것을 확인할 수 있기 때문에 확인욕구 충족(안정적인 애착 형성)에 있어서 중요한 부분을 담당한다고 할 수 있겠다.

전통적으로 한국에서는 아이를 양육할 때 엄마가 같이 안고 자는 문화가 있다. 물론 현재는 많이 퇴색된 전통이라 하더라도 여전히 많은 가정에서 이루어지고 있다고 할 수 있다.
어릴때부터 접촉확인욕구가 충분히 충족이 된다는 뜻은 커서도 접촉확인욕구를 성적인 의도와 분리하여 따로 채울 수가 있다는 의미이다. 그 증거로 같은 동성끼리의 접촉을 꼭 성적인 의미로 받아들이지 않는 문화가 있다는 것을 들 수가 있다. 한국에서는 성인 여성들이 팔짱을 끼거나 손을 잡고 다니는 것을 성적인 관점으로 바라보지 않는 시선이 존재하며 심지어 남성들도 남성끼리의 접촉에 큰 거부감을 드러내지 않는다. 예를 들어 남성 친구끼리 여행을 가서 더블베드에 같이 자는 것을 크게 어색해하지 않는다.

이에 반해 서양에서는 양육자가 아이를 같은 침대에서 안고 자는 전통이 없다. 대부분 신생아때부터 아이를 다른 방에서 따로 재운다.

그러므로 어릴때부터 순수한 접촉확인욕구 충족이 원활한 한국에 비해서 서양은 2차성징발현 이후에 파트너와의 성적인 교류를 통해서만 얻을 수 있는 욕구가 된다.

즉, 서양에서는 접촉확인욕구와 성욕의 구별이 불가능하다. 누군가를 만지고 싶다면 반드시 성적인 의도를 포함한다고 여긴다. 그러므로 애정이나 사랑은 반드시 성적인 의미가 포함될 수밖에 없다. 동성이나 이성 다 마찬가지다.

서양은 섹시함이 매력추구욕구의 목표가 되지만 한국에서는 섹시함과 동시에 귀여움 또한 매력추구욕구의 목표가 될 수 있다는 점도 그 차이를 보여주는 하나의 예일 것이다.

또한 정情이야 말로 한국 특유의 성적인 의도가 없는 애정욕구 그 자체라고 할 수 있으며 서양에는 없는 접촉확인 욕구에서 비롯된 문화라는 것을 잘 보여주는 증거라고 할 수 있다.

<small>한국에만 정情이 있는 이유 요약</small>

요약해보자.

K심리학에서는 한국에 국한해서 접촉확인욕구의 결핍으로부터 성욕이 포함되지 않은 애정욕구가 발달한다고 보고 있으며 이것은 인정욕구의 한 종류라고 할 수 있다. 다시 성욕 없는 애정욕구의 결핍으로부터 성욕이 포함되지 않은 매력추구욕구가 발달하며 이것은 간접인정욕구의 한 종류이다.

즉, 한국에서는 성적인 애정욕구와 성적이지 않은 애정욕구가 각각 따로 존재하며 성적인 매력추구욕구와 성적이지 않은 매력추구욕구도 각각 따로 존재한다. 그리고 한국에서는 성적이지 않은 애정욕구를 따로 떼어서 정情이라고 부른다.

A씨의 사례 타인을 신경 쓰며 매일 매일 살아가는 A씨를 보자.

직장에서 주어진 일을 완벽하게 처리하지 못할까 봐 조마조마하게 살아가는 A씨는 몇 건의 고객 클레임 전화를 받은 후로 전화를 받는 것이 무서워졌다. 전화가 올 때마다 깜짝깜짝 놀라며 가슴이 두근거리기 시작한 것이다. 점점 업무에 자신감이 떨어지면서 위축되었다. 실수할까봐 긴장이 되었으며 사소한 실수에도 누군가 비난하는 것만 같았다. 업무 전화뿐 아니라 직장동료를 대면하는 것 자체가 두려워지기 시작했다.

기본적 욕구의 결핍이 많을수록 확인욕구가 커지며 확인욕구조차 결핍이 많아지면 인정욕구가 커진다. 어렸을 때의 결핍부터 현재의 결핍까지 모든 것을 보상받고자 하는 마음으로 매달리는 것이 인정욕구인 것이다.

인정을 받고 싶은 욕구가 강하면 강할수록 인정을 위해 노력하는 에너지도 더 많이 들게 된다. 인정이나 칭찬을 덜 받았을수록 자신이 받게 되는 인정이나 칭찬은 보통의 노력으로 얻을 수 있는 것이 아니라는 것을 경험으로 체득하고 있다.

그러므로 노력하고 노력한다. 자신이 소모해야 할 노력(심리적 에너지)은 받아야 할 인정이나 칭찬 하나보다 훨씬 값어치가 크지만 그렇게 해야 마음이 놓인다. 때로 그런 노력으로도 얻지 못했던 경험이 있기 때문이다.

그 결과 얻고자 하는 하나의 칭찬이나 인정과 바꾸어야 하는 자신의 심리적 에너지 교환 비율이 점점 커진다. 느끼지 못하는 새 1대10, 1대20, 1대30이 될 수도 있다. 칭찬(심리적 에너지)을 받으려고 노력할수록 심리적에너지는 점점 더 고갈된다.

결국 심리적 에너지가 바닥나서 더 이상 칭찬

을 받기 위해 투자할 에너지가 남아있지 않은 상태가 된다. 문제는 이런 사람일수록 칭찬을 받기 위해 노력하기보다는 비난을 받지 않기 위해 노력한다. 칭찬을 받는 것이 힘든 만큼 비난 하나로 날아가는 인정 하나가 너무 많은 의미를 품고 있기 때문이다.

비난을 받아 소실되는 인정 하나의 값어치가 너무 크다. 너무 아프고 너무 고통스럽다. 그러므로 칭찬을 받기 위해 노력하기보다는 비난을 받지 않기 위해 노력하게 된다.

하지만 칭찬받으려고 노력하는 것보다 비난받지 않으려 노력하는 것은 몇 배나 더 어렵고 힘들다. 그래서 비난받지 않으려고 노력하면 할수록 비난을 받았을 때 느껴지는 에너지 상실감은 이루 말할 수 없다.

그 에너지 손실로 인한 괴로움을 느끼게 될까봐 항상 긴장하고 불안하다. 긴장하면 할수록 A씨는 비난을 예고하는 듯한 전화벨 소리에 죽을 만큼 가슴이 뛰기 시작하는 것이다.

A씨는 적절한 약물과 함께 마중물 요법을 처

방받았다. 비난이 두려운 이유는 한 번의 비난으로 날아가 소멸하는 '내' 인정 하나에 너무 많은 에너지와 가치가 응축되어 있기 때문이다.

어떻게 만들어 낸 인정인데 비난 한 번으로 날린단 말인가? 그것은 공포이자 두려움이다. 가슴이 뛰지 않는 것이 이상하다.

그러므로 조금 더 근본적인 치료를 위해서는 '내'가 받는 인정 하나의 가치를 계속 떨어뜨려야 한다. 그래야만 비난으로 소멸하는 인정 하나의 가치가 떨어질 것이다.

그러면 비난 하나쯤은 아무렇지도 않게 여길 수 있을 것이다.

'내'가 받는 인정 하나의 가치가 높아지면 높아질수록 '나' 자체의 가치는 떨어진다. 반대로 '내'가 받는 인정 하나의 가치가 낮으면 낮을수록, 그래서 별것 아닌 노력으로도 인정이나 칭찬 하나쯤은 손쉽게 받게 되면 될수록 '나'의 가치는 높아지게 되는 것이다.

마중물이야말로 아주 작은 것 하나를 스스로 주고받으면서 '내'가 받는 인정 하나의 가치를 계속 떨어뜨리고 낮추어준다. 그리고 그것을 통해 '나'의 가치를 계속 스스로 올리게 되는 것이다.

몇 주가 지나지 않아 A씨는 빠르게 안정을 찾았다. 마중물의 효과를 스스로 느끼면서 적극적으로 마중물을 자신의 생활에 접목했다.
진료 시간마다 질문을 통해 자신의 느낌과 효과를 공유하며 마중물 요법의 방향을 조율했다.
자존감을 올리고 심리적 에너지를 높이게 되면서 점점 비난으로부터 자유로워졌다. 표정과 태도, 목소리에서 자신감과 에너지를 읽을 수가 있었다.

내가
나를위해
머리감겨
줄께 응

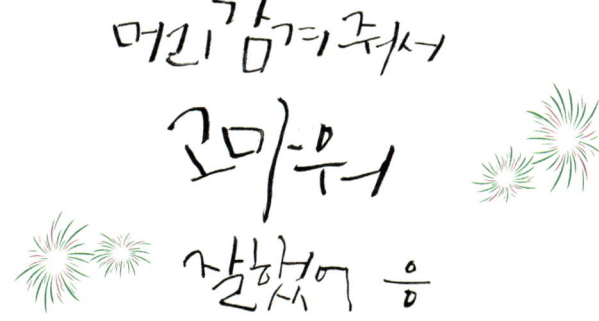

머리감겨줘서
고마워
잘했어 응

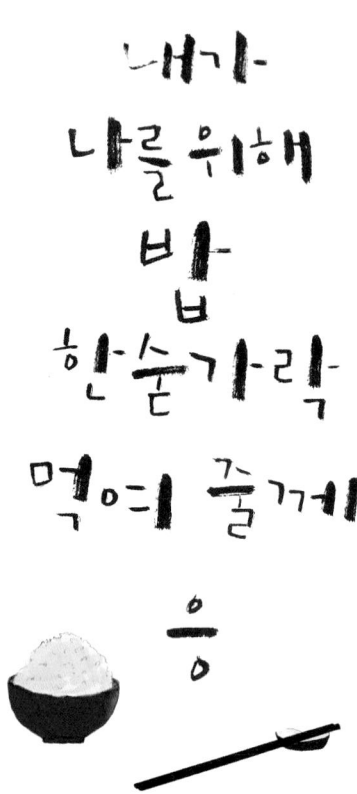

내가
나를 위해
밥
한 숟가락
먹여 줄게

응

(영희, 철수)에 내 이름을 넣고, 소리 내어 말해 보세요

철수야
밥 한 숟가락
받 먹여줘서
고마워
잘했어

응

내가 나를 위해
커피 먹여줄께

응

영희야
커피 먹여줘서
고마워
잘했어
응

나를 위해

고마워
잘했어
Yes

3
마중물이
다섯 가지 기본적 일상 서비스인
이유

3. 마중물이 다섯 가지 기본적 일상 서비스인 이유

확인에너지(확인욕구의 충족)
"내가 나를 위해 **해줄게"라는 말을 직접하고 직접 듣는 것에서 오는 에너지

인정욕구(인정에너지)
"○○아/야. **해줘서 고마워. 잘했어."를 듣는 순간 채워지는 에너지

'나'를 기분 좋게 만드는 모든 것은 에너지다.
인간 사회에서 에너지는 다양한 모습으로 나타난다.

다섯가지 기본적 일상서비스

1. 의衣 체온을 유지하고 옷으로부터 감염을 예방하기 위한 것과 관련된 것
2. 식食 먹는 것에 관련된 것
3. 주住 몸을 청결하게 하는 것과 관련된 것
4. 주住 집안을 깨끗하게 청소하고 정리하는 것과 관련된 것
5. 잠 자는 것과 관련된 것,

욕구와 에너지는 거푸집과 주물의 관계와 같다. 거푸집을 보며 그것을 통해 생산될 주물을 떠올리듯이, 욕구를 보면서 그곳에 채워질 에너지를 떠올려 보는 것이다. 그러므로 욕구와 에너지를 엄격하게 구분하지 않는 것에 마음을 빼앗길 필요는 없다.

임상에서 마중물 요법을 적용하다 보면 환자들이 마중물 요법을 혼동하여 이것저것에 마구 붙이는 모습들을 보게 된다.

"내가 나를 위해 쇼핑을 해줬어요. 그것도 되는 거죠?",
"내가 나를 위해 사람들을 만나준다고 했어요.",
"내가 나를 위해 여행을 보내줬어요."

물론 이들이 잘못된 언급을 하는 것은 아니다.
하지만 기본적인 다섯 가지의 마중물을 거치지 않고 하는 위와 같은 행위는 크게 의미가 없다는 것이다. 마중물에 대한 잘못된 이해와 이로 인해 오는 혼동을 막고자, 마중물 요법에 적용된 기본적 일상 서비스의 선정 기준에 관해 설명하고자 한다.

의식주에 해당하는 기본적 일상 서비스

> 옷을 깨끗하게 세탁하는 것과 적당한 열량의 신선한 음식을 그때그때 공급하는 것과 쾌적하고 안전한 주거공간을 유지하는 것이 해당한다.

우선 기본적 일상 서비스에는 의(衣), 식(食), 주(住)가 해당된다. 그것들은 인간이 살아가는 데 있어서 없어서는 될 필수 조건이기도 하다.

의衣는 체온 유지와 세탁을 통한 감염 예방의 책임이 있다. 식食은 신체로의 에너지 공급의 책임이 있고, 주住 역시 청결과 안전을 책임진다.

중세 시대만 하더라도 가난한 평민들은 식량 마련을 위해 거의 모든 에너지를 써야 했고, 옷과 집은 말 그대로 형편이 되는 대로 살아갈 뿐이었다.

그러나 현대에는 음식이 없어 굶는 사람은 많지 않으며(그래도 아직 굶는 이들은 있다), 집도 질의 차이는 존재하나 충분히 제공된다. 옷 역시 브랜드에 신경 쓰지 않는다면 큰 걱정 할 필요 없다.

문제는 인간의 삶에 있어서 의식주란 것은 단순히 존재하기만 하는 것만으로는 온전히 작용하는 게 아니라는 것이다. 가령 옷은 충분하지만 세탁과 관리에 소홀해 불결하고, 식재료는 충분하나 제대로 된 음식을 만들어 먹지 않으며, 안전한 집은 있지만 청소하지 않아 쥐나 벌레 따위가 들끓는다면, 이는 중세 시대의 가난한 평민들의 삶과 다를 바가 없어진다.

그러니 제대로 된 인간의 삶에 맞는 체온 유지와 에너지 공급, 그리고 안전에 해당하는 것들을 정리해 보자.

먼저 '체온 유지'는 깨끗하게 세탁된 옷을 충분히 입는 것이다. 그 다음으로 '에너지 공급'은 적절한 영양과 신선도의 음식을 제때 먹는 것이고, 마지막으로 '안전'은 말 그대로 불결하거나 위험한 요소들을 최소화한 주거 공간을 마련하는 게 된다.
이와 같이, 삶의 가장 기본이라고도 할 수 있는 의식주에 대한 기준들을 나 스스로가 정하는 것이 정말로 중요하다 할 수 있겠다.

이것을 읽은 어떤 사람은 조금 답답해질지도 모르겠다. 자신이 하지 않는 기본적 일상 서비스가 너무 많기 때문이다. 또 어떤 사람은 자기는 모두 다 하고 있으니 마중물을 할 필요가 없겠노라고 조금은 으스대고 있을지도 모르겠다.

하지만 그럴수록 두 사람 모두 꼭 마중물을 해야 하는 사람들이다. 한 명은 마중물이 절실한 상태이기 때문이고 한 명은 마중물의 효과가 극대화될 수 있는 사람이기 때문이다.

일반적으로는 이것들 전부를 자기 스스로 행하는 사람들은 많지 않을 것이다. 대부분 아침을 거르거나, 외식을 하거나, 도우미를 고용하거나, 돈을 주고 의류의 세탁을 맡기곤 한다.

물론 스스로 거뜬히 해 내는 사람도 있다. 그러나 스스로 해내는 사람조차도, 아무 대가 없이 의식주를 책임질 필요 없게 해 준다면, 좋아하지 않을 수 없다. 그들 역시 아닌 것 같으면서도 내심 부담을 가지고 있는 것이다.

가진 에너지가 의식주를 행하는 데 쓰이는 에너지에 비해 넉넉할 뿐, 의식주를 챙기는 것에 에너지가 소모되지 않는 사람은 없다.

자기 자신만을 위한 삶도 그런데, 그것에 더해 다른 누군가를 부양해야 한다면 더욱 큰 부담이 지워지는 것이다. 그리고 그 부담이 '나'의 에너지를 소모하는 가장 근본적인 문제다.

의衣

그래서 임상적으로 중요하게 생각해야만 하는 것으로 의식주를 유지하는 데 있어 정말 하기 싫지만 억지로 해야만 하는 것들이 부각되는 것이다.

체온을 유지하려면 옷을 입어야 한다. 옷을 입으려면 필연적으로 입는 행위를 해야 한다. 옷을 입는 것이야 말로 체온 유지에 있어 가장 결정적인 행동인 것이다.

다행스럽게도 이는 '나'의 발달과정에서 수천, 수만 번 반복한 것이기 때문에, 아무 생각 없이, 운전을 하듯 자연스럽게 옷을 갈아입을 수 있게 된다. 즉 절차 기억 procedural memory의 영역으로 포함되어 있어 누가 시키지도 않고 스스로도 인식하지 못한 상태에서 옷을 입게 되는 것이다.

그리고 이러한 무의식적 행동에는 심리적 에너지가 소모되지 않는다. (부정적인 감정이 동반되지 않는 무의식적 행동 그 자체에는 에너지 소모가 거의 없다. 하지만 무의식적 행동 자체에 의식이 없기 때문에 모순된 행동을 인지하지 못한다. 무의식적 행동 몇 개가 모여 모순을 일으켜서 부정적인 감정을 만들어낼 때 에너지 소모가 발생하는 것이다.)

임상적으로도 크게 중요하지 않다. 정말 중요하지만, 신경 쓰지 않아도 저절로 중요하게 지켜지므로 따로 에너지를 들일 필요가 없다는 뜻이며 그렇기 때문에 옷을 입는 행동은 기본적 일상 서비스에서 뺄 수가 있다.

만약 누군가 매일 옷을 갈아입는 것을 귀찮아하고 힘들어한다면 그 사람은 마중물 요법에 '내가 나를 위해 옷을 입혀줄게'라는 문구를 넣을 수 있을 것이다. .

의(衣)에서 가장 하기 싫고 에너지 소모가 많은 것은 빨래라고 할 수 있다. 옷을 깨끗이 세탁해 입지 않으면 불쾌하기도 하고 질병의 원인이 될 수 있기에, 싫어도 할 수 밖에 없다. 세탁기를 돌리고, 다 돌아간 빨래를 털어서 건조대에 널고, 다 마르면 다시 옷을 걷어서 개어 보관하는 일련의 과정은 참으로 성가신 일이라 할 수 있다.

그래서 '나'는 빨래를 하는 행동에서 많은 심리적 에너지를 소모하게 된다고 느낀다. 반대로 누군가 자신을 위해 빨래를 해주는 행동에서 많은 에너지를 얻는다고 생각한다.

식食

먹는 것은 생리적인 욕구이므로 배가 고프면 '내'가 적극적으로 찾아서 먹는 것이기 때문에 억지로 하는 행동이 아니다. 그래서 마중물에 포함된 것에 의문을 가질 수도 있다.

하지만 먹는 행동은 하루 두세 번씩 매일 해야 하는 일이며, 먹기 위해서는 장을 보며 재료를 구해야 하고 음식을 만들어야 한다. 그리고 사람마다 조금씩 차이는 있겠지만 장 보는 것을 억지로 하는 사람이 있으며 음식을 만드는 것을 억지로 하는 사람도 있다. 덧붙여서 이는 너무 자주 같은 행동을 반복하는 일이므로, 아무리 장보기를 좋아하고 요리하기 좋아하는 사람이라 하더라도 싫어질 때가 있을 것이다.

심지어 음식을 떠서 먹는 행동도 마냥 즐겁지만은 않을 때가 생긴다. 평생 살면서 매 끼니가 다 맛있고 매 끼니가 다 즐거울 수는 없는 것이다.

음식을 맛으로 먹는지 영양으로 먹는지 감량을 위해 먹는지에 따라서도 크게 달라진다. 음식을 맛, 즉 즐거움으로 먹는 사람이 있다면 맛없는 음식을 먹는 것은 고역이 될 것이다. 영양으로 먹는 사람이라면 매 끼니를 즐거움이 배제된 음식을 먹고 있다고 봐야 한다. 그것은 자기 몸에 좋기 때문에 싫어도 억지로 하는 일이다.

만약 어떤 사람이 몸에 좋지만, 맛은 없는 음식만을 먹으면서도 자신은 맛있고 즐겁게 먹고 있다고 한다면 그 사람은 음식이 맛있어서라기보다는 확인 에너지나 인정 에너지에 더 큰 의미와 비중을 두고 있어서일 가능성이 더 크다.

> 건강함을 추구하는 것은 안전함을 추구하는 것이다. 안전욕구는 내재화된 확인욕구다. 양육자가 '나'의 안전을 책임져 주던 그때 그 상태를 성인이 된 '내'가 대신 수행함으로써 '나'에게 안전을 제공해 주는 것이다.
> 그 역할을 '나'에게서 바라며 그런 '내'가 영속적으로 해줄 만큼 건강한지 확인하는 것이다. '나'의 존재를 계속 확인하는 것이므로 안전욕구는 확인욕구에 포함된다.
> 또는 '나'의 몸매를 다른 사람의 취향에 맞춰서 인정을 받아야 다른 사람이 나의 옆에서 떠나지 않고 확인에너지를 줄 것이다. 몸매 관리를 통해 타인들의 부러움이나 관심을 받는다면 매력추구욕구가 충족되면서 인정 에너지도 얻을 수 있다.

물론 맛도 있고 몸에도 좋은 음식을 해 먹을 수도 있다. 하지만 바로 그 점이 평상시 신경 쓰지 않던 가외의 에너지가 들어가는 지점이 된다.

다시 말해 '나'의 즐거움을 위해 맛있는 음식을 해 줄 것인가 아니면 '나'의 건강을 위해 몸에 좋은 음식을 해 줄 것인가의 음식 내용에 대한 고민 자체가 생리적 욕구만으로 해결되지 않는 '나'를 위해 억지로 써야 하는 에너지인 것이다.

그러므로 누가 음식을 해줄 것이며 누가 설거지를 해줄 것인지는 더 큰 숙제이자 부담이다.

음식을 둘러싼 일련의 행위들은 누구의 에너지든 에너지가 소비되는 역동적인 에너지 장이 되는 것이다.

주住

같은 논리로 집에 대한 것도 마찬가지다. 집은 안전을 위한 공간이나, 그 안전을 위해 매일같이 별도의 노력을 할 필요는 많지 않다.

만약 창문이나 문, 전기 배선이나 수도 배관, 난방 장치가 고장 났다면 신경 써서 고쳐야 한다. 자신이 고칠 수가 없다면 신속하게 전문가를 불러야 한다. 이것 또한 에너지가 쓰이는 일이지만 매일 같이 사용하는 에너지는 아니다. 그런 일이 있을 때만 신경 쓰면 된다.

하지만 위험한 물건들이 마구잡이로 어지럽혀져 있거나, 유해한 미생물이 번식하거나, 해충이나 쥐가 출몰하는 것을 방지하는 건 매일매일 에너지를 들여야 가능해지는 일이며, 매일이 아니라 해도, 어느 정도 일상적으로 신경을 써야만 하는 일이다.

억지로라도 거의 매일 해야 하는 것이 바로 청소다. 그렇게 거의 매일 집에 대해 신경 써야 하는 것이 청소라면, 그렇게 자주 신경 쓰지 않아도 되지만 안전에 매우 중요한 부분을 담당하는 부분이 전기장치와 상하수도 배관과 냉난방 장치다.

어느 것 하나 잘못되면 생활이 이어지지 않는다. 다 고장 나면 집이 집으로서의 기능을 하지 못하는 것이다. 그렇다고 해서 딱히 전기 배선이나 수도 배관이나 냉난방장치를 매일 같이 억지로 점검해야 하는 것은 아니다.

오히려 이것들에 관하여 매일 신경 써야만 하는 다른 일들이 존재한다. 수도가 작동하지 않을 때 벌어질 일은 상상하기에도 끔찍하지만, 가끔 수도 배관 관리를을 신경쓰는 것만으로도 충분히 막을 수가 있다. 전기와 난방장치 역시 마찬가지다.

그것보다는 수도와 전기와 난방 장치가 잘 유지 되어서 매일 따뜻한 물이 잘 나올 때, '내'가 어떤 핑계도 대지 못하고 억지로 해야 하는 일이 발생한다. 몸을 씻는 것이다. 아무리 피곤하더라도 자기 전에 이빨을 닦고 손발을 씻어야 한다. 아무리 바쁘더라도 세수는 해야 출근을 할 수 있는 것이다.

안 씻고 출근했을 때의 불쾌감을 생각해서라도 씻는 것이 자동으로 이루어졌으면 하지만, 아무리 나이가 들어도 씻는 것은 귀찮은 일로 여겨진다.

누군가 자신은 즐겁게 씻고 있고 절대로 억지로 하지 않는다

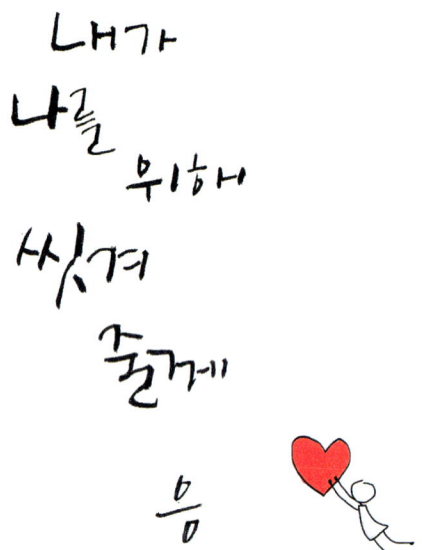

고 한다면 한 가지만 자문해 보자. 쉬는 날, 어떤 공적 사적 업무도 없고 혼자 집에서 쉬고 있을 때 그때도 씻는지를.

    휴일에 씻지 않는다면 평일에 씻는 것은 타인에게 욕먹지 않기 위해 억지로 씻는 것에 불과한 것이다. 스스로 그것을 즐겁다고 여기는 것일 뿐이다.

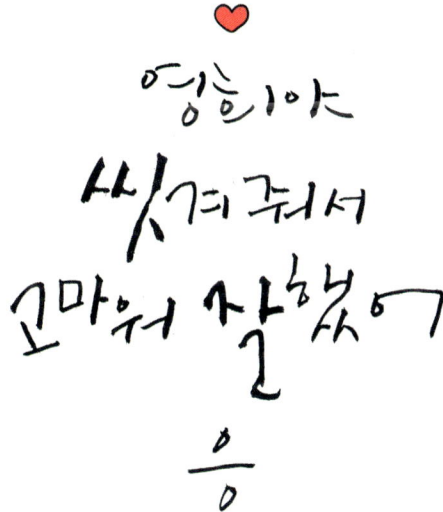

기본적 일상 서비스(마중물로 사용되는)의 기준, '억지로' 하는 의식주

> 먹는 것에 관련된 것, 몸을 청결하게 하는 것과 관련된 것, 자는 것과 관련된 것, 집안을 깨끗하게 청소하고 정리하는 것과 관련된 것, 체온을 유지하고 옷으로부터 감염을 예방하기 위한 것과 관련된 것
>
> 다섯 가지 범주의 행동이면 마중물의 거의 모든 것이라고 할 수 있으므로 다른 것은 신경 쓰지 않아도 된다.

억지로 하는 의식주를 기본적 일상 서비스, 기본적 욕구, 기본적 에너지라고 부른다고 생각해도 무방하다. 대부분의 기본적 일상 서비스는 사람의 의지에 따라 다르지만 거의 스스로 해야 하는 일들이다. 그것도 하기 싫은 일을 억지로 해야 한다.

그래서 꼭 누군가에게 대신 받았으면 하는 일들이다. 그것

은 어머니에게 받았던 것들이며 부분적으로 현재도 받고 있고 앞으로도 영원히 누군가에게 받고 싶은 일이다. 누군가 계속해 줄 사람이 있다면 절대로 하지 않을 일이기도 하다.

그래서 최대한 해줄 사람을 구해보지만(기본적 일상 서비스를 누군가에게 받는다는 것은 확인욕구와 인정욕구를 채우고자 하는 행위의 궁극적인 이유이자 목표이지만 양육자의 존재로 인해 한 번도 의식된 적이 없는 목표이기도 하다.) 그 노력이 결실을 보지 못할 때(확인욕구와 인정욕구가 좌절될 때) 엄청난 외로움을 느끼게 된다.

그리고 결국 스스로 기본적 일상 서비스를 할 수밖에 없다는 것을 깨닫고 억지로 억지로 하루하루를 살아간다. '나'는 살아가는 것 자체가 고통인 것이다.

억지로 하는 의식주가 기본적 일상 서비스라는 항목을 정해 준다고 한다면(정확하게 그렇지는 않다.) 개개인에 따라 지금 여기에 나열되지 않은 것도 첨가 할 수 있다.

누군가 애완동물을 키운다면 그것 역시도 '내'가 사는 공간에 해당하므로 애완동물의 변을 치우는 것도 마중물을 할 수가 있는 것이다.

하지만 의식주에 해당하는 것이 아닌 것은 모두 대리 욕구일 가능성이 크므로 대리 욕구를 채워 봐야 원래 원인이 되는 기본적 욕구의 결핍은 간과하게 되는 경향이 있다. 모든 정신병리가 기본적 욕구를 무시한 채 대리욕구에 집착하기 때문이라는 것을 인정한다면 대리욕구에 마중물을 붙이는 것은 조금 경계해야 할 행동이라고 할 수 있다.

> 그러므로 마중물이란 의식주에 해당한다고 판단되는 행동 중에 억지로 해야 하는 것들에 적용이 될 수 있다는 것을 인지하자.
> 일반적으로 먹는 것에 관련된 것, 몸을 청결하게 하는 것과 관련된 것, 자는 것과 관련된 것, 집안을 깨끗하게 청소하고 정리하는 것과 관련된 것, 체온을 유지하고 옷으로부터 감염을 예방하기 위한 것과 관련된 것,
> 다섯 가지 범주의 행동이면 마중물의 거의 모든 것이라고 할 수 있으므로 다른 것은 신경 쓰지 않아도 된다.

사람에 따라 배변활동을 마중물에 넣을 수 있는데 변비에 가깝다면 먹는 쪽으로 포함이 될 것이며 치질(치핵)이라 얘기하는 것에 가깝다면 씻는 쪽으로 포함할 수도 있다.

또 사람에 따라 상황에 따라 다섯 가지의 마중물을 잘하고 있다는 전제하에 생계를 위해 일하는 것도 포함이 될 수 있다. 일보다는 다섯 가지의 마중물에 더 신경 써서 마중물을 해야 한다는 것이 중요한 조건이다.

자기 자신은 이미 잘하고 있고 억지로 하지도 않으므로 마중물을 할 필요가 없다는 생각이 든다면 그냥 마중물을 억지로라도 해보라고 권할 수밖에 없다.

마중물을 억지로 하면 그 효과가 상당히 제한되지만 마중물을 효과를 직접 체험하지 않고서는 자신이 지금껏 잘해 왔고 억지로 하지 않고 있다고 생각했던 것이 착각이었다는 것을 깨닫지 못한다.

설령 착각이 아니라 실제로 모든 마중물의 행동을 완벽하게 하며 억지로 하지 않고 즐겁게 하는 사람이 있다고 해도 "내가 나를 위해 **해줄게"라는 말을 직접하고 직접 듣는 것에서 오는 확인에너지(확인욕구의 충족)와 "○○아/야. **해줘서 고마워. 잘했어."를 듣는 순간 채워지는 인정욕구(인정에너지)는 생기지 않을 것이므로 더 이상의 논의가 무의미하다.

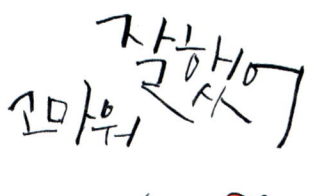

잠

> 잠은 저절로 드는 것이므로 잠자는 것은 신경 쓸 필요가 없다는 생각은 조금 바뀌어야 한다.
> 숙면은 다음 날 하루 일과를 하면서 쓸 에너지를 생산하는 가장 중요한 공급원이다.

잠은 모든 마중물의 총화

　잠은 의식주 중에 주에 해당한다고 볼 수 있다. 하지만 꼭 주에만 해당한다고 볼 수는 없다. 식과 의가 잘 갖추어지지 않아도 역시 잠을 쾌적하게 잘 수가 없다. '쾌적'하게 잘 수 없다는 말이 잠에 대해 중요한 지적을 하고 있다.
　잠이란 가장 힘들이지 않고 채울 수 있는 가장 생리적인 욕구이기 때문에 어지간한 여타 환경에 상관없이 졸리면 잘 수밖에 없다고 생각할 수 있다. 잠은 졸리면 어떻게든 자겠지만 단순히 잔다고 모든 잠이 동일한 질을 가지고 있는 것은 아니다.

　사회가 산업화 되면서 과거보다 인간이 잠을 잘 때도 쾌적하게 자는 것과 그렇지 않은 것의 기준이 더 세분화 되었고 더 다양해졌다. 그 결과로 잠에 대한 질의 차이가 점점 더 많이 나게 되었다.

더운 여름날, 씻지도 못하고 에어컨디셔너도 없다면 잠을 자도 잔 것 같지 않을 것이다. 추울 때 역시 방구들에 땐 군불이 꺼질까 중간 중간 잠에서 깨어 수시로 들락거려야 했다면, 현대에 상용화된 보일러는 믿고 숙면을 할 수 있게 해준다.

현대화된 주거 시설이 꼭 잠에 긍정적인 영향을 준 것만은 아니다. 기술의 발전으로 인해 잠이 방해받게 되는 경우도 생겨났다.

너무 밝은 조명과 24시간 나오는 IPTV는 숙면의 가장 큰 적이다. 언제든 스마트폰을 손끝으로 누르기만 하면 최신 유행의 가요들이 귓전을 때린다. 전등과 TV를 켜놓고 자거나 가요가 울리는 이어폰을 낀 채 저절로 잠드는 잠이 숙면일 리는 없는 것이다. 잠을 잘 자기 위해서는 TV와 스마트폰의 유혹부터 이겨내야 하는 것이다.

그것뿐만이 아니다. 전등과 TV를 켜놓고 자는 이유는 계획된 잠이 아니기 때문이다. 그러므로 씻지도 않았을 것이며 옷도 갈아입지 않았을 가능성이 높다. 씻고 옷을 갈아입었다고 해도 이불을 덮지는 않았을 것이다. 양치질을 하지 않고 이불을 덮지 않고 잤다면 환절기에는 반드시 감기에 걸리게 된다.

잠은 저절로 드는 것이므로 잠자는 것은 신경 쓸 필요가 없다는 생각은 조금 바뀌어야 한다.

다섯 가지 마중물을 하다 보면 가장 잘 안 되는 것이 잠이다. 일반적으로 사람들에게 다섯 가지 마중물을 알려주면 가장 먼저 잊고 머릿속에서 지워버리는 것 중의 하나이기도 하다. 잠은 항상 저절로 자는 것으로 생각하기 때문이다.

하지만 생활하는 도중에 발생하는 부산물 같이 오는 잠이라고 하기에는 잠은 너무도 중요한 위치를 차지하고 있다. 잠은 마중물의 총체적인 접점이다. 잘 먹지 못하고 잘 씻지 못하고 잘 청소가 되지 않은 상태에서 지저분한 이불과 옷으로는 잠을 '잘' 잘 수가 없다.

모든 마중물이 잠에 결정적인 요인은 아니지만, 숙면을 방해할 정도의 영향력은 충분하다고 할 수 있다.

그리고 숙면은 다음 날 하루 일과를 하면서 쓸 에너지를 생산하는 가장 중요한 공급원이다.

잠은 가장 희생되기 쉬운 에너지

인간 사회에서 에너지는 다양한 모습으로 나타난다. ('나'를 기분 좋게 만드는 모든 것은 에너지다.)

하지만 어디를 가도 누구를 만나도 공통으로 평가할 수 있는 에너지가 있다. 돈이다. 돈을 받으면 그 어떤 종류의 에너지보다 기분이 좋아지므로 당연히 돈은 가장 역량 있는 에너지라는 생각이다.

또 돈이라는 에너지는 기분이 좋아지게 하는 데 실패할 확률이 낮다. 돈이란 기준으로 통일해 평가하는 경향이 우세하면 할수록 돈을 조금이라도 더 버는 것이 '나'의 가치를 조금이라도 더 높이는 중요한 수단(인정욕구, 인정에너지)이 되기 때문에 많은 에너지를 돈 버는 일에 투자하게 된다.

그러다 보면 무엇인가 많이 참아야 하는 (무엇인가 많이 참아서 기분이 나빠지는) 일이 발생을 하는데 모든 돈 버는 현장에서는 반드시 일어나는 일이다. 고객을 위해 참고 미소 지어야 하며 상사에게도 참고 웃어야 한다. 힘든 노동일 역시 참고 견디어야 하며 장시간의 지루한 반복 작업도 참고 견디는 일인 것이다. 돈을 벌면서 오랜 시간 참는다는 것은 참는 대가로 보상을 바라게 되는 원인이 되기도 한다.

그래서 많은 사람은 돈을 벌기 위해 무언가를 억지로 참고 나면 그 억울함을 풀기 위한 보상을 받기(기분이 좋아지기) 원한다.

하지만 이미 퇴근하면 7시 8시가 되며 씻고 저녁을 먹으면

9시가 된다. 곧 다음날 일을 위해 일찍 자야 하는 상황이다. 거기서 사람은 선택해야 한다. 스스로에게 다음날을 위해 잠을 재울 것이냐 아니면 무언가 재미있는 것으로 보상을 할 것이냐의 갈림길에 서게 되는 것이다. 많은 사람은 충분한 휴식을 택할 것이다.

하지만 또 많은 사람은 일과시간 동안 있었던 짜증과 불편함 억울함 등을 털어 버리기 위해 술자리나 유흥을 즐긴다. 또 다른 사람은 게임을 하거나 영화를 본다. 또 어떤 이들은 SNS에 몰두한다.

그리고 그 시간을 위해 잠자는 시간을 희생시킨다. 자신을 위해 휴식을 택한 사람이 늘 휴식만 택하는 것은 아니며 반대도 마찬가지일 것이다. 일반적인 '나'라면 대부분 잠을 참을 수 있는 한도 내에서는 잠을 희생시키고 즐기려고 드는 경향이 생긴다는 뜻이다.

일반적으로 인정하는 (기분 좋아지게 하는) 에너지인 돈을 벌기 위해 많은 분노(기분 나쁨)를 참다 보면 그 분노를 일으킨 결핍(기분 나쁨)을 즐거움(기분 좋음)으로 채우려고 하게 되며 그 즐거움을 위해 기본적 에너지, 특히 잠을 희생한다는 것을 지적하고 싶다.

그러므로 잠에 대한 마중물뿐만 아니라 모든 마중물이 중요한 것이다. 마중물을 통하여 억지로 하는 기본적 생활 서비스들에서 소모되는 에너지를 충분히 줄이게 되면, 하루 일과가 끝나고 나서도 '반드시 보상받아야 할 것 같은 느낌'은 사라지게 된다. 그것만으로도 '나'를 기분 좋게 잠재울 수 있게 된다.

마치 잠에 대한 마중물을 제대로 한다는 것은 이미 다른 마중물도 제대로 했다는 것과 같다. 잠이란 전체 마중물의 수행 정도를 표시하는 계기판의 바늘 같은 것이다.

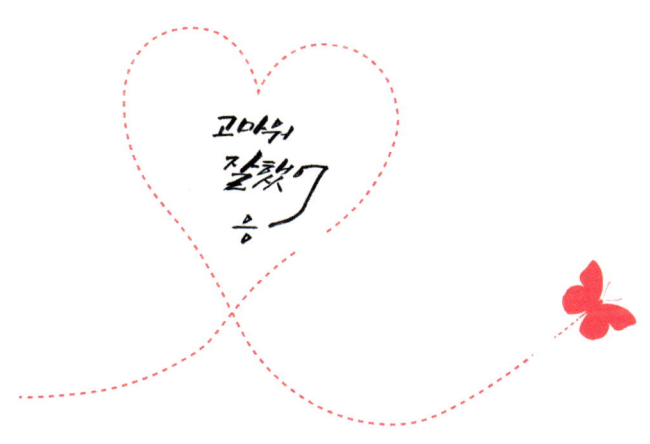

K 심리학 3
정신의학과 전문의 **최성규**의 K심리학

K심리학이란,,,

나는 임상에서 환자들을 치료하는 과정에서,
기존의 심리학이 가진 문제점들에 대해 생각하게 되었다.

그 중 하나는 이론이 증상에 맞추어서,
즉 상황에 따라 그때그때 바뀌어야 한다는 것인데,
이는 환자를 치료하기 위해서 매번 그 환자의 상태에 끼워
맞출 수 있는 이론을 찾아야만 한다는 것을 의미한다.

나는 여기서 통합된 이론 체계가 필요함을 느꼈고,
심리적 에너지의 관점으로 이론들의 원리를 통합하여,
K심리학이라 명명하였다.

출처 마음의 지도 (최성규 지음)

결핍과 분노

본능인자 심리적인 항상성이 본능이라 불린다면 본능처럼 행세하며 인간의 행동을 결정짓는 것은 본능인자로서의 욕구와 욕구의 결핍과 분노라고 말할 수 있다.

욕구의 결핍이 분노에 선행하고 분노가 결핍의 결과물이므로 분노의 처리만으로도 결핍을 보전할 수만 있다면, 이 책에서 얘기하는 본능인자는 욕구의 결핍과 분노라고 얘기했을지도 모른다.

인간에게 있어 최초의 분노 대상이 양육자이다. 그 양육자가 양육하는 한 그 분노가 적절치 못하다고 교육되기 때문에 인간은 태어난 이후부터 지속해서 분노를 그 분노의 대상에게 표현하지 못하게 하는 교육을 받고 자라게 된다. 하지만 인간에게 있어 최초의 분노 대상이 양육자이다. 그 양육자가 양육하는 한 그 분노가 적절치 못하다고 교육되기 때문에 인간은 태어난 이후부터 지속해서 분노를 그 분노의 대상에게 표현하지 못하게 하는 교육을 받고 자라게 된다.

결핍을 분노에 맡겨놓고 채워지기만을 마냥 기다리고 있을 수만은 없는 이유이기도 하다. 그래서 결핍은 결핍대로 따로 스스로 채워야 하는 일이 생겼다.

한 번 발생한 분노는 분노대로 스스로 해소해야 하는 번거로운 일이 남았는데도 말이다. 결핍이 분노로써 복구되지 않게 되면 결핍은 스스로 거래를 하기 시작한다.

결핍은 결국 모든 욕구에서 발생하는 결핍의 합, 결핍의 총량이다.

그러므로 하나의 욕구에서 발생한 결핍이 분노 때문에 복구되지 않는다면 다른 종류의 욕구를 발생 시켜 대신 충족 받게 만든다. 이를 대리욕구라고 부른다.

그렇게 따지고 보면 원래 본능인자는 결핍과 분노와 대리욕구라고 해야 한다. 하지만 그것은 일반인에게 선뜻 이해하기 어려운 문제다.

그리고 임상에서 환자들에게 설명하는 데 있어 '욕구의 결핍에서 분노가 발생하고 분노가 좌절되면 대리욕구가 발생하게 된다'라고 말하는 것보다는 '결핍과 분노는 동전의 양면이어서 분노가 많다면 (지금 당장은 결핍이 없다고 느껴지더라도) 욕구의 결핍도 많은 것이며, 욕구의 결핍이

> **대리욕구**
> 하나의 욕구에서 발생한 결핍이 분노 때문에 복구되지 않는다면 다른 종류의 욕구를 발생 시켜 대신 충족 받게 만든다.

많다면 분노 역시 당연히 많을 수밖에 없다'고 얘기하는 것이 훨씬 더 쉽게 이해되기 때문이다. 이미 일반인들은 결핍이 가진 게걸스러운 '식탐'도 충분히 이해하고 있으므로 결핍이 어떠한 욕구로 쉽게 변한다는 것을 직관적으로 알아차린다.

본능인자 그리하여 실제 본능인자인 욕구의 결핍과 분노와 대리욕구라고 하지 않고 간단하게 욕구와 결핍과 분노라고 해도 무방할 듯하다.

B씨의 사례 B씨는 약물에 잘 반응하지 않는 첨단 공포증(尖端恐怖症 : 날카롭고 뾰족한 것을 무서워하는 증상)으로 내원하였다.

뾰족한 것을 보면 그것으로 자해를 할 것 같은 느낌이 들었다. 때로는 액션영화에 나오는 피해자들처럼 폭력을 당할 것 같은 느낌이 들기도 했다. 두근거리고 가슴이 답답해졌다. 또 때로는 자해 충동이 너무 강하게 들어 힘들어하기도 했다.

첨단 공포증의 경우 억압된 분노가 자신에게 향

하기 때문에 발생한다.

분노는 대상이 있을 때 그 대상을 찾아 표현하면 해소되겠지만 표현할 수 없는 대상일 경우에 분노가 억압되어 쌓이고 쌓인다. 더 참을 수 없을 만큼 에너지가 소모되어 버리면 터져 나올 것 같은 분노는 대상을 찾기 시작한다.

그중 제일 많이 선택되는 대상이 바로 자기 자신이다.

B씨에게 이를 설명하였으나 처음에 B씨는 자기 속에 분노가 있을 리가 없다고 얘기하였다. 분노는 결핍에서 비롯되는 것이라고 설명했으나 자기 자신이 결핍이 있을 수가 없다는 것이다.

부모님은 너무 좋으신 분들이어서 그분들에게 화가 났을 리가 없다고 하였다. 이런 경우 미궁에 빠져서 혼란스러워할 필요가 없다. 아무리 본인이 부인하더라도 분노는 결핍의 산물이다. 그 결핍이 어떤 종류의 결핍인지를 밝혀내야 한다. 환자가 억압을 심하게 한다면 정말 모를 수도 있다.

하지만 분노는 분명히 존재하고 그 대상은 어렸을 때부터 알고 있는 가까운 사람일 것이라고 설명하였다. 충분히 가능성을 열어두고 자신을 살펴보라고 했다.

B씨에게도 역시 적절한 약물과 마중물 요법을 처방하였다.
모든 분노는 결핍에서 비롯되므로 마중물을 통해 결핍을 채우는 것은 분노를 가라앉히는 가장 근본적인 방법이기도 하다.
물론 횟수의 제한이 있고 효과가 더디게 나타나기 때문에 환자의 순응도 역시 중요한 문제다. 하지만 자신이 마중물 요법을 통해 조금이라도 효과를 느끼는 순간 마중물 요법에 대한 순응도는 급속히 올라간다.

> B씨의 경우 감히 아버지에게 불만이나 화가 났다는 사실조차 자책하는 빌미가 되면서 아버지에 대한 분노를 극단적으로 억압했던 것으로 보인다.

B씨는 불안정한 정서 상태는 당장이라도 자해나 자살을 할 것같이 급박한 느낌이었다. 하지만 자신을 돌보기 위해 아버지와 같은 공간에 존재하는 순간 극도의 답답함과 괴로움을 느끼게 되면서 아버지와의 관계가 편하고 좋은

것만은 아니었다는 것을 알게 되었다.
분노의 대상이 누구인지 생각해 내자 왜 아버지에게 화가 났는지도 알게 되었다.
그리고 그것을 의식상에 떠올리고 다루게 되면서 단순한 우울과 불안장애로 바뀌게 되었다.

B씨의 경우 감히 아버지에게 불만이나 화가 났다는 사실조차 자책하는 빌미가 되면서 아버지에 대한 분노를 극단적으로 억압했던 것으로 보인다.

물론 아버지에게 그 분노를 표출시킬 필요가 없다는 것도 알고 있다. 아버지의 답답함이 하루 이틀이 아니었으므로 그냥 자신이 독립하기로 한 것이다.
그 후 경과도 좋아져서 처음 극도의 공포심과 절망감으로 진료실을 찾았을 때와는 비교할 수 없을 정도로 밝아졌다.

결론

이 사례가 보여주는 점은 본능인자인 결핍, 분노, 욕구 중에 어느 하나만 두드러질 때 나머지는 보지 않아도 문제가 존재한다고 유추할 수가 있다는 것이다. 예외는 없다.

아무리 살펴보고 찾았는데도 원인 모를 문제가 있다면 본능인자를 바탕으로 찾을 수가 있을 것이다.

분노는 결핍을 복구하기 위해 만들어진 비언어적 방법이다.

하지만 나이가 들어 언어를 배우고 사회화가 되면 분노는 사회적 벽을 넘지 못한다. 결핍을 복구하기 위해 사회적으로 용인되는 방법을 찾은 것이 결국 인정욕구다.

결핍과 분노를 철저히 억압하다 보면 인정욕구가 너무 두드러지게 된다. 너무 비대해진 인정욕구가 문제를 일으킨다면 억압된 결핍과 분노를 돌아보아야 한다는 뜻이다.

또한 인정욕구 조차 오랫동안 충족되지 못한 채 살아야 했던 사람을 가정해보자.

결핍을 복구하기 위해서 분노를 만들었고 그

> **인정욕구**
> 분노는 결핍을 복구하기 위해 만들어진 비언어적 방법이다. 하지만 나이가 들어 언어를 배우고 사회화가 되면 분노는 사회적 벽을 넘지 못한다. 결핍을 복구하기 위해 사회적으로 용인되는 방법을 찾은 것이 인정욕구다.

분노로는 사회적으로 용인되는 결핍 복구가 불가능하여 억압되었고 인정욕구에 매달리지만 그마저도 신통치 않다고 가정해보자.

그렇게 되면 자신의 결핍이 직접 채우기 위해 나서는데 주로 기본적 욕구인 식욕이나 수면욕을 사용하게 된다. 식욕을 채우거나 잠을 자는 것은 그렇게 큰 비용과 노력이 들지 않으면서도 결핍이 채워지는 듯한 느낌이 많이 드는 욕구이기 때문이다.

인정받지 못하는 젊은이가 폭식하거나 하루종일 잠만 자는 이유가 거기에 있는 것이다.

기본적인 욕구에 매달리거나 인정욕구에 매달리는 사람들은 많은 양의 분노가 억압되어 있다는 것을 미리 짐작하고 있어야 한다.

마찬가지로 결핍도 심하다는 것을 미리 깨닫고 있어야 한다. 분노 역시 기본적 욕구와 인정욕구가 채워지지 않아서이며 그 바닥에는 채워지지 않은 성장기 결핍의 존재가 있다는 것을 알아야 한다.

내가
나를위해
샤워 시켜 줄게
응

영희야
샤워시켜줘서
고마워
잘했어
응

내가
나를위해
앙수을 만들어 줄께

응

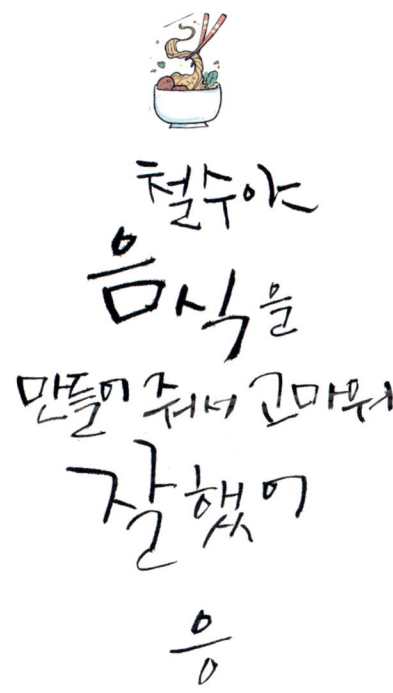

철수야
음식을
만들어 줘서 고마워
잘했어

응

(영희, 철수)에 내 이름을 넣고, 소리 내어 말해 보세요

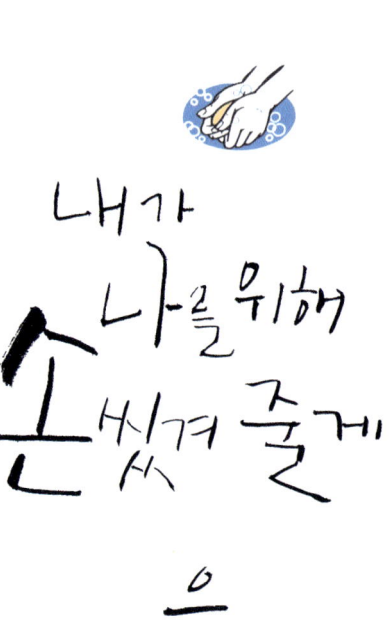

내가
나를위해
손 씻겨줄게

응

철수야
손씻겨줘서
고마워 잘했어

응

나를 위해

고마워
잘했어
Yes

4
마중물 요법의 구체적 예문

4. 마중물 요법의 구체적 예문

마중물을 할 때
첫 번째로 중요한 것은 횟수다. 일단 많은 횟수가 중요하다.
두 번째가 진정성이지만 진정성을 확보하기 위해서라도 좀 더 많은 횟수가 필요하다.

다섯가지 마중물 요법
의衣 빨래하기
식食 먹기
주住 씻기, 잠자기 ,청소하기

일곱가지 마중물 요법
의衣 빨래하기
식食 먹기, 음식 만들기, 설거지하기
주住 씻기, 잠자기 ,청소하기

내가
나를위해
빨래 널어줄께
응

영희야
빨래 널어줘서
고마워
잘했어
응

의衣

빨래하기

"내가 나를 위해 빨래해 줄게.", "응."
"○○아/야. 빨래해 줘서 고마워. 잘했어.", "응."

"내가 나를 위해 빨래를 널어 줄게.", "응."
"○○아/야. 빨래 널어줘서 고마워. 잘했어.", "응."

"내가 나를 위해 빨래를 걷어 줄게.", "응."
"○○아/야. 빨래 걷어줘서 고마워. 잘했어.", "응."

"내가 나를 위해 빨래를 개어 서랍에 넣어 줄게.", "응."
"○○아/야. 빨래를 개어 서랍에 넣어줘서 고마워.
잘했어.", "응."

나를 위해 음식해 줄께 응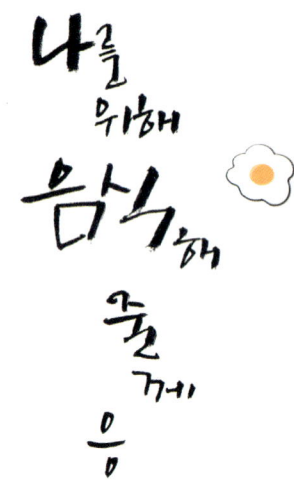

철수야 음식해줘서 고마워 잘했어 응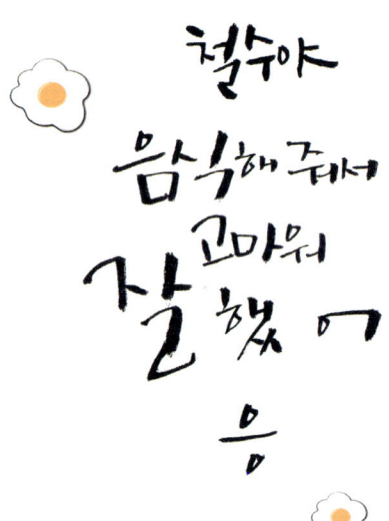

식食

| 먹기 |

"내가 나를 위해 먹을 것을 사다 줄게.",
"응."
"○○아/야. 먹을 것 사다 줘서 고마워. 잘했어.",
"응."

"내가 나를 위해 음식을 만들어줄게."
"응."
"○○아/야. 음식 만들어줘서 고마워. 잘했어."
"응."

"내가 나를 위해 먹여 줄게."
"응."
"○○아/야. 먹여줘서 고마워. 잘했어."
"응."

"내가 나를 위해 설거지해 줄게."
"응."
"○○아/야. 설거지해 줘서 고마워. 잘했어.",
"응."

내가
나를위해
샤워하고
재워줄께
응

철수야
샤워하고 재워줘서
고마워
잘했어
응

(영희, 철수)에 내 이름을 넣고, 소리 내어 말해 보세요

주住

씻기

"내가 나를 위해 씻겨 줄게.", "응."
"○○아/야. 씻겨 줘서 고마워. 잘했어.", "응."

"내가 나를 위해 샤워 시켜 줄게.", "응."
"○○아/야. 샤워 시켜 줘서 고마워. 잘했어.", "응."

"내가 나를 위해 머리 감겨 줄게.", "응."
"○○아/야. 머리 감겨 줘서 고마워. 잘했어.", "응."

"내가 나를 위해 손 씻겨 줄게.", "응."
"○○아/야. 손 씻겨 줘서 고마워. 잘했어.", "응."

"내가 나를 위해 이빨 닦아 줄게.", "응."
"○○아/야. 이빨 닦아 줘서 고마워. 잘했어.", "응."

"내가 나를 위해 세수해 줄게.", "응."
"○○아/야. 세수해 줘서 고마워. 잘했어.", "응."

"내가 나를 위해 화장 지워 줄게.", "응." … "○○아/야. 화장 지워줘서 고마워. 잘했어.", "응."

내가 나를 위해
TV끄고 재워 줄게
응

철수야
TV끄고
재워줘서
고마워
잘했어
응

주住

잠자기

"내가 나를 위해 재워 줄게.", "응."
"○○아/야. 재워줘서 고마워. 잘했어.", "응."

"내가 나를 위해 불 끄고 재워 줄게.", "응."
"○○아/야. 불 끄고 재워줘서 고마워. 잘했어.", "응."

"내가 나를 위해 TV 끄고 재워 줄게.", "응."
"○○아/야. TV 끄고 재워줘서 고마워. 잘했어.", "응."

"내가 나를 위해 샤워하고 재워 줄게.", "응."
"○○아/야. 샤워하고 재워줘서 고마워. 잘했어.", "응."

"내가 나를 위해 깔끔한 이불을 깔고 재워 줄게.", "응."
"○○아/야. 깔끔한 이불을 깔고 재워줘서 고마워. 잘했어.", "응."

"내가 나를 위해 따뜻한 이불을 잘 덮고 재워 줄게.", "응."
"○○아/야. 따뜻한 이불을 잘 덮고 재워줘서 고마워. 잘했어.", "응."

내가
나를위해
빨래를개어
서랍에
넣어　　영희야
줄께　빨래를개어
음　서랍에넣어줘서
　　　　고마워
　　잘했어
　　　　음

주住

청소하기

"내가 나를 위해 청소해 줄게.", "응."
"○○아/야. 청소해줘서 고마워. 잘했어.", "응."

"내가 나를 위해 걸레질을 해줄게.", "응."
"○○아/야. 걸레질해 줘서 고마워. 잘했어.", "응."

"내가 나를 위해 물건을 정리해줄게.", "응."
"○○아/야. 물건을 정리해줘서 고마워. 잘했어.", "응."

"내가 나를 위해 형광등을 갈아줄게.", "응."
"○○아/야. 형광등을 갈아줘서 고마워. 잘했어.", "응."

마중물 요법의 구체적 방법

> 마중물을 할 때 첫 번째로 중요한 것은 횟수다. 일단 많은 횟수가 중요하다.
> 두 번째가 진정성이지만 진정성을 확보하기 위해서라도 좀 더 많은 횟수가 필요하다.

마중물을 할 때 첫 번째로 중요한 것은 횟수다. 일단 많은 횟수가 중요하다. 두 번째가 진정성이지만 진정성을 확보하기 위해서라도 좀 더 많은 횟수가 필요하다.

마중물을 많이 하기 위해서는 최대한 마중물을 붙여서 해야 한다. 마중물 한번과 한번 사이에 빈틈이 생기게 되면 여지없이 다른 잡념이 파고든다. 잡념은 마중물의 가장 큰 적이다.

마중물은 항상 '내' 눈이 '나'를 향하고 있어야 가능한 것인데 잡념은 '나'를 향한 눈을 자꾸만 바깥으로 돌리는 역할을 한다.

샤워할 때를 예로 들어보자.
"내가 나를 위해 머리 샴푸 해줄게."

"응."

"○○아/야. 머리 샴푸 해줘서 고마워. 잘했어."

"응."

이렇게 한 회를 끝내고 바로 이어서 다음 회를 말한다. 아직 샴푸가 다 끝나지 않았다면 똑같은 말을 두 번 세 번 반복해서 말한다. 그 다음 머리를 헹구게 되면 그 행동에 맞춰 말을 바꾼다.

"내가 나를 위해 머리 헹궈줄게."

"응."

"○○아/야. 머리 헹궈줘서 고마워. 잘했어."

"응."

이라고 말한다. 그러고 나서 씻는 몸의 부위가 바뀌면 그 부위를 바꾸어 다시 다음 회를 말하면 된다.

밥을 먹을 때도 마찬가지다. 밥 숟가락질 한번, 젓가락질 한번마다 마중물을 해준다.

"내가 나를 위해 밥 먹여줄게."

"응."

"○○아/야. 밥 먹여줘서 고마워. 잘했어."

"응."

이렇게 말한 후 바로 붙여서 젓가락질 또는 숟가락질과 함께 다음 회를 말한다. 여전히 같은 동작이면 같은 말을 두 번 세 번 붙여서 말을 한다. 그 후 다른 동작을 붙여서 말한다.

"내가 나를 위해 김치 먹여줄게."

"응."

"○○아/야. 김치 먹여줘서 고마워. 잘했어."

"응."

이라고 말한다. 그렇게 음식과 동작에 맞춰 하나하나 횟수를 늘려나간다.

이렇게 한 번만 잘 씻고 한 번만 밥을 잘먹어도 마중물을 50번 이상은 할 수 있다. 하지만 해보면 알겠지만 잘 되지 않는다. 여러가지 이유가 있겠지만, 마중물을 하기 위해서 몇 십분 동안 자기 자신에게 집중하고 있는 일이 어렵기 때문이다.

그러니 처음 시작할 때는 하루에 최소 30번을 넘기기 위해서 노력하자. 그리고 그것이 잘 되면 목표를 하루 50번을 넘기는 것으로 잡는다. 그것마저도 성공하면 하루 100번 이상 할 수 있도록 노력해 보자.

잘되지 않는다면 매번 마중물을 할 때마다 스마트폰에 기록을 해두고 하루에 몇 번째 마중물을 하고 있는지 세어가며 해보도록 하자. 명심해야 할 것은 자꾸 잊어버리거나 빼 먹는다고 해서 스스로 비난

하지는 말아야 한다. 이번에 하지 못했으면 뒤늦게라도 하거나 다음에는 꼭 해보자는 말로 격려하고 넘어가도록 하자.

마중물은 '원초적 관계(287페이지 참조)'를 재현하는 데 그 목적이 있다. 그러므로 '원초적 관계'를 처음 느껴봤을 시기인 영유아기를 재현해주는 것이 훨씬 도움이 된다. 그래서 마치 아이를 어르듯 혀 짧은 소리를 내면서 해주는 것이 훨씬 더 치료적이다. 처음에는 쑥스럽겠지만, 곧바로 받는 '나'의 느낌 자체가 다르다는 것을 알게 될 것이다.

이 부분은 진료실에서 마중물 요법을 설명할 때 언급하지 않았는데도 나중에

"자연스럽게 말투가 바뀌었다. 나도 모르게 그런 어린애 말투를 쓰고 있더라. 너무 웃겼다."

하고 웃으며 말하는 경우를 보기도 했다. 그 경우 자신이 원하는 것을 이미 알고 스스로 찾아서 그렇게 해주었던 것이다.

'내' 어릴 때 받고 싶었던 부모님의 관심을 지금이라도 어린애가 되어서 뒤늦게 받는 현상이 벌어지는 것이다. 퇴행은 치료에서 자주 일어나는 현상이며 근본적인 치료가 일어날 수 있는 절호의 기회이기도 하다.

개인적 마중물

> 양육자가 존재하여 일부분의 양육을 의존하는 경우에는 양육자의 역할을 뺀 개인적 마중물에 집중하도록 한다.

마중물을 처음 시도하는 사람들에게는 항상 자신이 현재 하는 기본적 일상 서비스에 마중물을 갖다 붙이도록 한다. 하지도 않는 기본적 일상 서비스를 처음부터 같이 하도록 강조하는 것은 오히려 역효과가 나타난다.

그래서 양육자가 여전히 존재하여 일부분의 양육을 의존하는 경우에는 양육자의 역할을 뺀 개인적 마중물에 집중하도록 한다.

"내가 나를 위해 먹여 줄게.", "응." … "○○아/야. 먹여줘서 고마워. 잘했어.", "응."

"내가 나를 위해 씻겨 줄게.", "응." … "○○아/야. 씻겨줘서 고마워. 잘했어.", "응."

"내가 나를 위해 재워 줄게.", "응." … "○○아/야. 재워줘서 고마워. 잘했어.", "응."

가족적 마중물

> 외우기 쉽게 설명하기 위해
> 먹고, 자고, 씻고, 청소, 빨래라고 설명한다.
> 하지만 꼭 해야 할 마중물은 음식 만들기, 설거지하기가 포함된 일곱 가지다.
> 음식 만들고, 설거지하는 것이 먹는 것에 포함할 수 있기 때문에 외울 때는 다섯 가지로 외우지만 음식 만들고 설거지하는 일의 중요성은 다른 범주의 마중물들과 마찬가지로 비슷하기 때문에 마중물을 할 때는 일곱 가지로 한다.

"내가 나를 위해 음식을 만들어 줄게.", "응." … "○○아/야. 요리해줘서 고마워. 잘했어.", "응."

"내가 나를 위해 설거지해 줄게.", "응." … "○○아/야. 설거지해줘서 고마워. 잘했어.", "응."

"내가 나를 위해 청소해 줄게.", "응." … "○○아/야. 청소해줘서 고마워. 잘했어.", "응."

"내가 나를 위해 빨래해 줄게.", "응." … "○○아/야. 빨래해줘서 고마워. 잘했어.", "응."

가족적 마중물이란 기본적 일상 서비스 중에 가족 단위로 일어나는 일상 서비스를 말한다.

빨래나, 청소, 밥하기, 설거지하기 등은 가족 중에 하지 않는 구성원이 있고 항상 이 기본적 일상 서비스를 해야 하는 구성원이 따로 있다.

따라서 가족 중에서도 양육자와 피양육자로 나누어지며 마중물 요법도 그 위치에 따라 조금 달라진다. 현재 하고 있는 기본적 일상 서비스 중에 하고 있는 것에 마중물을 붙이라고 할 경우, 양육자와 피양육자의 마중물은 다를 수밖에 없는 것이다.

양육자, 가정주부의 역할을 하는 사람일 경우, 이미 하고 있는 기본적 일상 서비스에 마중물만 붙이면 되므로 더 효과가 좋다. 피양육자의 경우, 이미 하고 있는 기본적 일상 서비스가 많이 제한되므로 마중물의 효과 역시 제한된다.

하지만 양육자일 경우 처음 마중물을 적용하는데 있어 어려움이 있다. 늘 봉사하고 희생한다고 하는 마음을 내려놓고 '나'를 위해 한다고 생각하는 인식의 전환이 어렵다. 그것을 내려놓는 순간 그때까지 누적되어 온 봉사와 희생의 대가 역시 포기해야 하기 때문이다.

피양육자의 경우 처음 마중물을 시작할 때는 쉽게 시작된다. 하고 있는 기본적 일상 서비스가 얼마 없기 때문이다. 그리고 개인적 마중물은 원래 자기 자신만을 위해 하는 것이니만큼 인식의 전환도 더 쉽게 일어난다.

하지만 개인적 마중물에 갇혀서 나중에 가족적 마중물로 확장하기가 어려울 수 있다.

피양육자의 경우는 개인적 마중물로 시작하고, 양육자의 경우는 전체 마중물로 시작하는 것은 일반적인 사람들의 일반적인 경향을 얘기하는 것이다. 하지만 모든 사람이 꼭 그렇게 하라는 법은 없다.

피양육자의 경우도 처음부터 가족적 마중물까지 다 한다고 문제 될 것은 없으며 양육자라고 처음부터 모든 마중물을 다해야 하는 것은 아니다.

중요한 것은 자신이 최대한 할 수 있는 범위 내에서 무리하지 않고 할 수 있어야 한다. 그리고 그 기준은 마중물을 하면서 너무 지친다는 인상을 받으면 안 된다는 것이다. 그래서 처음에는 현재 하는 행위에만 마중물을 시작하는 것이다.

K 심리학 4
정신의학과 전문의 **최성규**의 K심리학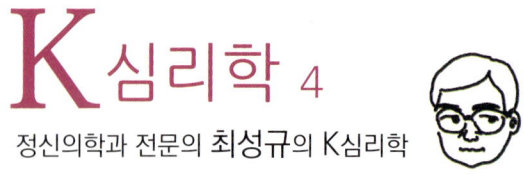

K심리학이란,,,

나는 임상에서 환자들을 치료하는 과정에서,
기존의 심리학이 가진 문제점들에 대해 생각하게 되었다.

그 중 하나는 이론이 증상에 맞추어서,
즉 상황에 따라 그때그때 바뀌어야 한다는 것인데,
이는 환자를 치료하기 위해서 매번 그 환자의 상태에 끼워
맞출 수 있는 이론을 찾아야만 한다는 것을 의미한다.

나는 여기서 통합된 이론 체계가 필요함을 느꼈고,
심리적 에너지의 관점으로 이론들의 원리를 통합하여,
K심리학이라 명명하였다.

출처 마음의 지도 (최성규 지음)

에너지 경제론 1

에너지 경제론1   K심리학에서는 불편함을 없애고 편함을 추구하는 과정에서 욕구가 발생하게 되었다고 설명하고 있다. 그 욕구의 결핍을 해결하기 위해서 점차 상위의 욕구들이 발달하게 되었다. 그리고 그 다양한 욕구들을 만족시킬 때 발생하는 만족감을 통틀어 심리적 에너지라고 부른다.

 심리적 에너지는 욕구와 함께 암수 한쌍을 이룬다고 할 수 있다. 욕구는 에너지를 포집하는 수용체 역할을 한다. 그렇게 모인 각종 욕구들의 만족감은 하나의 에너지 응집체로 압축된다. 그것이 점점 자신의 자부심을 대표하게 되며 그것을 자존감이라 부른다.
'나'는 어린시절 다양한 욕구를 충족하기 위해 노력하는 존재였으나 점점 그 욕구 충족의 결과물들이 응집되어 심리적 에너지가 만들어지면 그것을 추구하는 존재로 바뀌게 된다.
K심리학에서 '나'는 큰 테두리에서 심리적 에

너지 축적을 목표로 경제활동을 하는 존재이며 그 속에 또 다른 실물 경제활동을 병행하는 존재로 본다. 심리적 에너지 경제 속에 실물 경제가 포함되는 것이다.

대부분의 '내'가 의식에서 느끼고 인식하는 부분은 실물경제이고 심리적 에너지 경제는 대부분 무의식에 잠겨있다. 그런 의미에서 '나'는 이중 경제생활을 하고 있다고 말할 수 있을 것이다.

실물 경제와 심리적 에너지 경제는 서로 배타적으로 보일 때가 있으나 상호 의존적이기도 하다.

심리적 에너지 경제가 파산하게 되면 정신적 신체적 증상들이 발생하게 된다.

에너지 절벽

에너지의 지출이 갑자기 일어나는 것

에너지 절벽이란 자신의 에너지가 갑작스럽게 빠져나가는 느낌, 기분 좋은 상태가 가파르게 줄어드는 느낌, 편안함이 돌발적으로 감소하는 느낌을 말한다.

또는 에너지 소모, 기분 나쁜 느낌, 불편함이

폭발적으로 증가하는 느낌을 말한다.

그래프를 그리자면 에너지가 일정한 상태를 유지하다가 바닥으로 뚝 떨어지면서 절벽을 형성하는 것이다.

이 에너지 절벽이 중요한 이유는 모든 사람이 이 에너지 절벽을 싫어하기 때문이다. 정확히 말하면 이 에너지 절벽이 예상되는 순간을 극도로 꺼린다는 뜻이다.

물론 사람마다 같은 경험이라도 다르게 반응한다. 또는 사람마다 겪는 경험이 다를 수밖에 없다. 정도의 차이는 있지만, 이 에너지 절벽을 싫어하는 것만은 사실이다.

특히 이 에너지 절벽을 예민하게 느끼고 반응하는 사람이 강박증을 가진 사람들에 해당한다. 자신의 경험상 느껴질 에너지 절벽의 가능성을 조금이라도 줄여보고자 하는 것이 바로 이 강박사고와 강박행동이다.

강박사고와 강박행동
자신의 경험상 느껴질 에너지 절벽의 가능성을 조금이라도 줄여보고자 하는 것

이 에너지 절벽이 형성되려면 반드시 필요한 것이 바로 과거의 경험이다.

과거의 경험에서 돌발적인 에너지 절벽을 느꼈

던 사람이라면 그 에너지 절벽이 언제 다시 나타날까 전전긍긍하게 된다.

그래서 자신이 막을 수 있다고 생각하는 갖가지 방법과 생각을 동원하여 그 에너지 절벽을 막고자 하는 것이다. 될 수 있는 대로 변수를 줄이려고 한다. 습관을 벗어나서는 안 되는 것이다. 무엇을 하더라도 늘 자신이 해왔던 방식과 해왔던 순서를 고집하게 된다. 돌발적인 의외성을 줄이고자 하는 것이다.

에너지 절벽의 또 다른 예로서 월요병을 들 수 있겠다. 다음 날 아침 출근이 싫어서 일요일 저녁부터 불안해지거나 우울해지는 사람을 생각해보자.

주말이 편안하면 편안할수록 월요일 아침에 해야 하는 출근은 너무 기분 나쁜 일이다. 편안한 주말에 비해 불편해지는 일이며 에너지가 갑자기 소모되는 일이다.

예상되는 에너지 절벽이 너무 부담스럽고 무서워진다. 그래서 적극적으로 그 에너지 절벽을 걱정하고 불안해하는 것이다.

월요병
다음 날 아침
출근이 싫어서
일요일 저녁부터
불안해지거나
우울해지는 것

미리 걱정하여 에너지 절벽의 충격을 완화하겠다는 뜻이다. 에너지 절벽으로 떨어져 다칠까 걱정되는 사람은 스스로 사전에 절벽을 무너뜨리고자 노력을 하는 것이다.

마치 절벽 밑으로 내려가는 계단을 파는 것과 같은 작업을 한다.

불안과 걱정으로 스스로 기분이 점점 나빠지게 한다는 것이다. 그렇게 미리 기분이 나빠져야 막상 월요일 아침에 닥쳐오는 기분 나쁜 절벽을 절벽으로 느끼지 않고 기분 나쁨으로 인식하지 않게 된다.

이미 기분이 나빠져서 월요일 아침을 맞았으므로 추가로 기분이 나빠질 일이 없는 것이다. 가끔 덤도 얻을 수 있다. 그 전날부터 월요일 출근에 대한 부담(기분 나쁨)과 걱정 때문에 미리 기분이 나빠진 상태를 과도하게 만든다.

그러면 막상 실제 월요일이 되어 출근해보면 생각보다 부담(기분 나쁨)이 훨씬 덜하다는 것을 깨닫고 오히려 기분이 좋아지기도 하는 것이다. (이 부분은 다음에 설명할 〈상황중독〉에서 상황중독과 같이 작용하게 된다.)

고마워
잘했어

잘고마워
했어

고마워
잘했어

고마워
잘했어

응

나를위해

고마워
잘했어
Yes

5
마중물 요법의 반응 유형

5. 마중물 요법의 반응 유형

마중물 요법의 반응 유형
- » 전폭적 수용형
- » 부분적 수용형
- » 저항형
- » 거부형

마중물은 이 모든 이론과 설명에 우선해서 직접 해보는 것이 더 중요하다
이론을 읽고 이해하고 그다음에 실천하는 것보다는 먼저 실천하고 나중에 이론을 읽는 것이 훨씬 더 이해가 빠를 수밖에 없다.

마중물 요법에 관해서는, 이론 전개에 중점을 둔 설명보다는 실제적인 행위에 초점을 맞춘 설명이 더 유용할 것이다. 어차피 마중물은 이 모든 이론과 설명보다 먼저, 직접 해보는 것이 더 중요하기 때문이다.

앞으로 설명할 모든 반응 유형 또한 임상에서 마중물 요법을 접해 본 사람들과의 대화에서 얻은 경험에서 비롯되었다. 실제로 이론을 읽고 이해하고 그다음에 실천하는 것보다는 먼저 실천하고 나중에 이론을 읽는 것이 훨씬 더 이해가 빠를 수밖에 없다.

다만 자신의 반응이 일반적이지 않다고 생각하여 마중물이 효과가 없다는 결론을 내리고 마중물 요법을 중단하는 사람이 없도록 미리 설명해두고자 하는 것이다.

기억하기

다섯가지 마중물 요법
- » 의衣 빨래하기
- » 식食 먹기
- » 주住 씻기, 잠자기 ,청소하기

일곱가지 마중물 요법
- » 의衣 빨래하기
- » 식食 먹기, 음식 만들기, 설거지하기
- » 주住 씻기, 잠자기 ,청소하기

 일곱가지 마중물 요법

의衣 　빨래하기

　　　먹기
식食　음식만들기
　　　설거지하기

　　　씻기
주住　잠자기
　　　청소하기

전폭적 수용형

> 마중물을 설명해주는 과정에서 이미 자신이 스스로에게 해보는 상상을 하고는 감동을 하고 눈물을 흘린다.

어떤 사람은 마중물을 설명해주는 과정에서 이미 자신이 스스로에게 해보는 상상을 하고는 감동을 하고 눈물을 흘린다. 가슴 벅찬 뭉클함에 흐느끼기도 한다. 자기 자신을 돌보지 않았고, 스스로 자신을 외면해왔다는 것을 깨달으며, 외롭고 가여운 자신을 연민하는 감정이 밀려오는 것으로 보인다.

이런 경우 전폭적인 증상의 호전과 생활의 개선을 기대할 수 있다. 빠르면 1주, 길면 4주 정도 만에 자신의 발목을 잡고 있던 무기력감, 우울감, 자존감 저하에서 벗어나 즐겁고 활기찬 하루하루를 대단히 만족스럽게 살아가게 된다.

이미 마중물의 효과를 스스로 깨우치고 있으므로 마중물을 하는 방법에 대한 구체적인 사안과 마중물의 경과와 목표 등을 설정해주기만 하면 되는 경우다. 마중물을 하기 전과 하고 나서의 효과가 가장 극적인 경우다.

부분적 수용형

> 마중물을 전적으로 신뢰하지는 않지만, 의사의 적극적인 추천으로 마지못해 하는 것이다.
> 하지만 만약 환자가 마중물을 받아들이기 시작하면게 되면, 스스로 그것을 유지할 수 있게 되는 체험적 깨달음이 형성된다. 그 이후는 전폭적 수용형과 같은 반응이 일어난다.

저항형과 더불어서 가장 일반적이고, 마중물을 접하는 대부분의 사람들에 해당하는 경우라고 할 수 있다. 마중물을 전적으로 신뢰하지는 않지만, 의사의 적극적인 추천으로 마지못해 하는 것이다.

약을 같이 처방받았을 경우, 마중물보다는 같이 처방받은 약물의 효과라고 믿는 경우가 더 많다. 하지만 꾸준하게 격려하고 설명을 통해 마중물을 유지하도록 하는 것이 중요하다.

만약 대리욕구(인정욕구) 엄청 비대해져 있는 사람이라면 마중물이 기본적 욕구와 확인욕구, 그리고 인정욕구를 다 채워줄 수 있는 유일한 요법이라는 설명을 해줄 필요가 있다.

자기비하가 심한 사람이라면, 앞에서 언급한 엄마와 딸의 우화에 비유하여 엄마의 딸에 대한 태도가 딸이 엄마를 싫어하는 가장 큰 이유라는 것을 지적해 주며 마중물이 자기 자신에 대한 태도를 변화시킬 수 있는 간편하고 효과적인 요법임을 상기시키는 것도 도움이 된다.

그러다 보면 효과가 나타나는데, 다양한 방향으로 효과가 나타난다. 그 효과가 나타날 때를 놓치지 않고, 그것이 마중물의 효과임을 환자에게 설명하여야 한다.
만약 환자가 받아들이게 되면 스스로 마중물을 유지할 수 있게 되는 체험적 깨달음이 형성된다. 그 이후는 전폭적 수용형과 같은 반응이 일어난다.

저항형

> 의외로 자기 자신과 대화하는 것을 쑥스러워하거나 싫어하는 사람이 많다.
> 또는 자신과 대화하며 의미를 부여하거나 자신과의 대화 속에서 감정이 끌려 나오는 것을 수치스럽게 생각하는 사람(특히 남자)들이 많다.

많은 사람이 제일 처음 마중물 요법을 소개받았을 때 보이는 반응은 '유치하다.', '낯간지럽다.'이다. 자기 자신에게 혼잣말로 중얼거린다는 것은 정말 누가 볼까 무서운 광경이며 스스로 생각해도 스스로에게 창피한 일이라고 생각한다.

듣기에 좋은 얘기라고 생각하므로 해야 한다고 생각은 할 수 있지만 절대로 실행에 옮기기에 쉽지 않은 유형이다.

이런 유형 중 어떤 사람은, 아무것도 하기 힘들고 의욕이 없어 치료자를 찾았는데 치료자가 자꾸 뭔가를 시키는 것에 거부감을 느낀다. 치료는 누군가에게 맡기고 자신은 아무것도 하지 않아도 저절로 치료되기를 바라는 것이다. 마치 마사지 샵에 와서 마사지를 받듯이, 자신은 아무것도 하지 않고 가만히 쉬고 싶어 하는 것과 같다.

    또는 에너지가 없어서 치료자를 방문했음에도 불구하고, 치료자가 무슨 말을 하는지는 신경 쓰지 않고 자신이 원하는 위로의 말만 얻고 가려 하는 사람들도 있다.

    마중물에 대한 설명은 자신에 대한 관심으로 여긴다. 좀 더 자세한 설명으로 마중물을 하게끔 만들려는 치료자의 시도를 모두 자신에 대한 관심으로 생각하는 것이다. 관심을 더 받기 위해 마중물을 잘 하지 않는다.

    또 다른 유형으로는, 가진 분노가 너무 많아서 마중물에 저항하는 사람도 있다. 타인의 행동과 타인의 말에 민감하며, 그렇기에 자신의 말과 행동에도 신경을 쓰지만, 정작 자신의 마음은 전혀 보려 하지 않는 사람이기도 하다.

사례

마중물이
도움이 되지 않는다는
D씨

장기간의 약물치료와 마중물 요법을 권고받은 D씨의 경우를 보자.

 D씨는 스스로 약물치료가 잘 맞는다고 생각했고 약물만 있으면 어느 정도 증상이 완화되므로 약물을 더 중요시했다.

지속해서 마중물 요법을 권유받았지만 그렇게 큰 효과가 없다고 생각했다. 그리고 강권에 못 이겨 마중물을 하기는 하지만 도움이 되지 않는다는 대답만을 주기적으로 해왔다.

자기 자신에 대해 성찰은 하려고 노력하는 모습이었고 치료자의 마중물에 대한 자세한 이론적 설명으로 마중물을 하면 좋은 것으로 여겨서 하고자 노력하는 모습도 보였다.

하지만 마중물이 성과를 보이는 것 같지 않았고 본인 역시 그러한 느낌이었다. 마중물 요법으로의 접근이 벽으로 가로막혀 있는 느낌이었다.

면담은 주로 약물에 대한 반응을 위주로 보고하는 방향으로 이어졌다.

그러던 중 8개월이 지났다. 약 2주간의 투약 공백 후에 D씨가 찾아왔다. 약 2주 동안 약을 먹지 않았는데 예전만큼 심한 증상은 없었다고 했다. 그러면서 자신이 꾸준히 해왔던 마중물의 의미와 마중물의 효과에 대하여 스스로 얘기하였다. 왜 마중물을 하라고 했는지 깨닫게 되었다는 얘기였다. 그 후에 대화의 주제는 마중물의 즐거움으로 바뀌었고 생활이 어떻게 바뀌었는지에 대한 얘기가 이어졌다.
D씨에게는 마중물이 통하지 않는다고 생각하고 있었기에 D씨의 변화는 인상적이었다.
마중물이 모든 사람에게 통하는 것은 아니라 제한적이어서 그 제한점에 대해 생각하고 있었고 전통적인 정신치료의 방법으로 조금씩 접근하고 있던 때였기 때문에 더욱더 놀라웠다.

의외로 자기 자신과 대화하는 것을 쑥스러워하거나 싫어하는 사람이 많다. 또는 자신과 대화하며 의미를 부여하거나 자신과의 대화 속에서 감정이 끌려 나오는 것을 수치스럽게 생각하는 사람(특히 남자)들이 많다.

그것은 결핍이 심하여 분노가 많다는 것과, 그 분노를 뒷마당 퇴비처럼 쌓아 놓고 처치하지 못하고 있어 곤란해 하고 있다는 것을 의미하기도 한다.

혹은 분노가 결핍을 해결하지 못하고 있어 다른 사람(대리 욕구)이 그 결핍을 채우게 하려고 모든 신경을 곤두세우고 있는 것이라 할 수도 있다. 그 이상도 이하도 아니다.

다른 사람(대리 욕구)에게서 눈을 돌려 자신을 바라보고 자신에게서 그 분노를 걷어 내면, 누구든 마중물의 무궁무진한 효과를 볼 수 있게 된다.

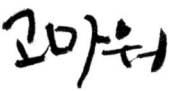

거부형

> 극도로 예민하고 힘들어하는 상황에서 마중물에 신경을 쓰기란 사치인 것처럼 행동하지만 누구보다 마중물이 필요한 사람이다.

강렬한 대리욕구나, 끓어오르는 분노, 극심한 불안에 휩싸여 당장 현실이 컨트롤 되지 않는 소수의 사람이다.

먼저 입원치료나 약물치료가 필요하며 약물치료를 통해 안정적인 정서 상태를 바탕으로 자신의 내적 성찰을 유도하여 마중물 요법을 적용할 수 있다.

극도로 예민하고 힘들어하는 상황에서 마중물에 신경을 쓰기란 사치인 것처럼 행동하지만 누구보다 마중물이 필요한 사람이다.

K 심리학 5

정신의학과 전문의 **최성규**의 K심리학

K심리학이란,,,

나는 임상에서 환자들을 치료하는 과정에서,
기존의 심리학이 가진 문제점들에 대해 생각하게 되었다.

그 중 하나는 이론이 증상에 맞추어서,
즉 상황에 따라 그때그때 바뀌어야 한다는 것인데,
이는 환자를 치료하기 위해서 매번 그 환자의 상태에 끼워
맞출 수 있는 이론을 찾아야만 한다는 것을 의미한다.

나는 여기서 통합된 이론 체계가 필요함을 느꼈고,
심리적 에너지의 관점으로 이론들의 원리를 통합하여,
K심리학이라 명명하였다.

출처 마음의 지도 (최성규 지음)

에너지 경제론 2

심리적 피부   심리적 피부란 심리에도 감각기관이 존재한다는 가정하에 설정되는 일종의 통증 감지 기관이라고 할 수 있다.

피부는 우리 몸을 감싸고 있고 외계와 맞닿는 첫 번째 기관이다. 만약 외부의 날카로운 물체가 피부를 뚫고 들어오면 엄청난 통증을 느끼게 된다.

마찬가지로 심리에도 피부가 존재하며 어떤 심리적 사건이 이 피부에 부딪히거나 피부를 뚫고 들어갔을 때 통증을 느끼게 된다.

만약 피부에 각질층도 없이 진피만 존재한다고 생각해 보자. 예를 들어 발바닥이나 손바닥에 잡힌 물집이 벗겨지면 진피층이 나타난다. 이 진피층은 살짝만 닿아도 쓰라린 통증이 느껴진다.

마찬가지로 우리의 심리에 에너지가 없다면 이 각질층이 모두 다 벗겨진 상태로 진피층이 고

스란히 노출된 상태가 되는 것이다. 그 상태라면 누군가와 살짝만 닿아도 아플 것이다. 심리적 피부를 보호하는 각질층의 역할을 하는 것이 심리적 에너지다. 심리적 에너지가 두꺼울수록 웬만한 상처나 웬만한 에너지 절벽으로는 피부에 닿지 않을 것이다.

예를 들면 오랫동안 노총각으로 외롭게 지내고 있는 직장의 간부를 상상해보자.
흔히 얘기하는 대로 히스테리도 부리며 마음에 여유가 없는 사람이었다. 사소한 일에도 자주 짜증을 부리고 늘 우울한 얼굴이다.
그런 그에게는 몇 년간 짝사랑하던 여자가 있었는데 그 여자는 눈길 한 번 주지 않는 도도한 여자였다. 그러던 그녀가 웬일인지 호의를 보이며 데이트를 신청했다고 생각해보자.
첫 번째 데이트 약속이 잡힌 이 노총각은 얼마나 설레겠는가? 두근대며 그 데이트만 생각해도 기분이 좋아질 것이다.
기분이 좋아지는 것은 명백한 에너지 유입상태라고 할 수 있다. 이런 상태에서는 부하직원의

심리적 피부
심리에도 감각기관이 존재한다는 가정하에 설정되는 일종의 통증 감지 수준이라고 할 수 있다.

사소한 실수도 눈감아 줄 수 있게 된다. 평소 예민했던 층간 소음도 별로 신경 쓰이지 않게 되며 낯선 사람과의 사소한 시빗거리조차 전혀 기분 나쁜 통증으로 인식 되지 않게 된다.

고대하던 그 순간이 이제 곧 닥칠 것을 상상하면 누가 뭐라 해도 기분이 좋을 것이다. 그 기분 좋음은 에너지가 되고 그 에너지가 주변의 일상적인 공격에서 '나'를 보호할 것이다.

이 예에서 심리적 피부가 존재한다는 것과 그 심리적 피부를 보호하는 것이 바로 에너지라는 것을 쉽게 알 수 있다.

만약 심리적 피부라는 것을 느껴 본 적이 없다고 생각하는 사람은 에너지가 많은 사람이라고 할 수 있다. 한 번도 심리적 피부를 보호하는 에너지 껍질이 벗겨져 본 적이 없는 사람이기 때문이다.

한 가지의 조건이 더 존재한다. 그것은 에너지 껍질을 뚫고 심리적 피부를 잔인하게 짓이기는 에너지 절벽이 살면서 한 번도 없어야 한다.

바로 그 순간을 사람은 트라우마로 기억하게 되는 것 같다.

만약 에너지 절벽이 있었지만, 그 에너지 층이 두터워서 심리적 피부에 닿지 않았다면 그 에너지 절벽을 고통스러워할 이유가 없다.

그러므로 심리적 통증이나 트라우마라고 일컬어지는 것에는 에너지 절벽과 심리적 피부라는 개념이 동시에 작용하게 되는 것이다.

이 두 가지의 개념은 심리적 에너지를 얘기하는 데 있어 중요한 도구가 된다.

> 두 가지의 개념 심리적 통증이나 트라우마라고 일컬어지는 것에는 에너지 절벽과 심리적 피부라는 개념이 동시에 작용하게 되는 것이다.

에너지의 지출이 갑자기 일어나는 것이 에너지 절벽이며 이 에너지 절벽이 심리적 피부를 뚫고 내려가면 극도의 고통(분노, 무기력, 우울, 수치, 자기혐오 등의 '기분 나쁜' 느낌)과 함께 심한 에너지 소모가 폭발적으로 일어난다.

그리고 이러한 에너지 절벽을 예측하여 나타나는 불안과 공포 역시 의식 밖에서 또 다른 에너지 절벽을 만들게 되는 모순된 행태를 보인다.

하지만 에너지 절벽이 아무리 과도하게 일어난다고 하더라도 피부 위 두꺼운 옷처럼 아주 두꺼운 에너지 층이 존재한다면 심리적 피부에 닿지 않게 된다. 심리적 피부에 직접 닿지 않았으므로 고통도 없으며 폭발적인 에너지 소모도 없을 것이다.

작은 일에도 쉽게 PTSD에 걸리는 사람과 반대로 큰 일을 당해도 걸리지 않는 사람을 설명하는데도 이러한 심리적 피부 위에 쌓인 에너지의 두께와 그것을 헤집는 에너지 절벽의 누적되는 높이로 설명하면 쉽게 이해할 수 있다.

내가 나를 위해
설거지 해줄께.
응

철수야
설거지해줘서 고마워
잘했어
응

내가
나를위해
화장지워줄께

응

영희야
화장 지워줘서
고마워
잘했어

응

나를 위해

고마워
잘했어
Yes

6
마중물의 효과

6. 마중물의 효과

마중물의 효과

» 대리욕구 감소로 인한 절제력 향상

» 심리적 에너지 회복으로 인한 의욕 회복

» 결핍 충족으로 인한 분노 발생 감소

» 억압의 회복을 통한 분노 억압 증가

» 억압에 사용되는 에너지 회복으로 인한 부정적 감정 감소

» 인정욕구와 확인욕구 충족을 통한 외로움 감소

» 외로움 감소로 인한 타인에 대한 의존심 감소

» 의존심 감소로 인한 분리불안 감소

» 외로움, 의존심, 불안감의 감소로 대인관계 안정화

» 자존감 회복으로 인한 행복감 증가

» 심리적 허기 감소로 인한 체중 조절에 도움

» 안정적 에너지 공급으로 인한 상황중독 극복

마중물이 이론적으로 작용하는 부분은 이미 설명하였다. 그러면 마중물이 작용하는 실제적인 효과에 대해 알아보자.

이론적인 얘기보다는 실제로 마중물 요법을 시행하는 환자의 입장에서 느끼는 주관적인 효과에 집중해 보도록 하자. 꼭 환자가 아니더라도 모든 일반적인 사람에게 다 적용될 수 있는 것들이다.

대리욕구 감소로 인한 절제력 향상

> 대리욕구: 원하던 욕구가 충족되지 않아 발생하는 또 다른 욕구. 인간이 살면서 발생하는 모든 욕구는 대리욕구라고 할 수 있다.
>
> 대리욕구가 줄어든다는 말은 무엇인가에 집착하거나 무엇인가를 남용하는 것이 줄어든다는 말이다.

인간이 살면서 발생하는 모든 욕구는 전부 기본적 욕구의 대리 욕구라고 할 수 있다.

기본적인 욕구가 잘 채워지면 새로이 발생하는 대리 욕구가 줄어든다. 이미 발생한 뒤 채워지지 않았던 대리욕구 역시, 마중물을 통해 부분적으로나마 채워 줄 수 있게 된다.

대리욕구가 줄어든다는 말은 무엇인가에 집착하거나 무엇인가를 남용하는 것이 줄어든다는 말이다.

새로 입대한 신병이 춥고 배고프고 힘든 상황에서 엄마가 보고 싶은 것은 기본적 욕구가 잘 채워지지 않기 때문에 대리욕구인 확인욕구가 증가하는 것이다.

SNS에 열중하는 것은 현실에서의 인정욕구가 채워지지 않기 때문일 수도 있다. 마찬가지로 인정받지 못하고 외로울 때 집안에 틀어박혀 잠자고 폭식하는 것이 반복되는 이유도 당장 채울 수 있는 기본적인 욕구가 확인욕구, 인정욕구의 대리욕구가 될 수 있기 때문이다.

마중물을 통해 기본적 욕구와 확인욕구, 인정욕구를 스스로 채워줄 수 있다면, 전반적인 결핍이 줄어든다. 그것은 다른 대리욕구가 새롭게 발생하는 것을 방지하는 것과도 같다.

심리적 에너지 회복으로 인한 의욕 회복

장기간의 마중물로 어느 정도 에너지가 생기면, 하기 싫어 자꾸만 미루던 일들을 크게 힘들이지 않고 시작할 수 있게 된다.

심리적 에너지의 회복은 이미 설명하였다. 세 가지 의미로 에너지가 손실되는 것을 막는 것만으로도 그만큼의 에너지를 발생시키는 것과 맞먹는 효과가 있으며, 실제로 환자 입장에서는 에너지가 새로 생기는 느낌을 받는다.

장기간의 마중물로 어느 정도 에너지가 생기면, 하기 싫어 자꾸만 미루던 일들을 크게 힘들이지 않고 시작할 수 있게 된다.

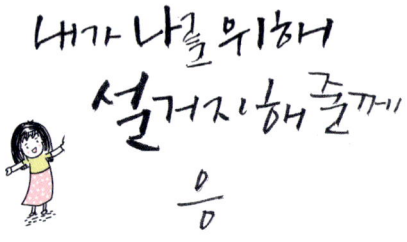

결핍 충족으로 인한 분노 발생 감소

> 현재의 결핍을 막고 과거의 결핍도 채워주게 되다 보면 분노가 줄어드는 것을 느끼게 된다. 분노는 결핍의 결과이기 때문이다.

현재의 결핍을 막고 과거의 결핍도 채워주게 되다 보면 분노가 줄어드는 것을 느끼게 된다. 분노는 결핍의 결과이기 때문이다.

분노가 마중물을 방해하는 경우가 더 많으므로, 마중물로 분노가 줄어들게 되기까지는 많은 어려움을 이겨내야 한다. 하지만 스스로를 성찰하며 관심을 가지고 지켜본다면, 분노가 많더라도 마중물이 가능해지며, 마중물을 통해 그 분노가 감소하는 것도 느껴볼 수 있다.

예를 들어 세 아이를 키우는 엄마는 늘 자신이 희생하고 아이들을 위해 봉사해야 한다고 생각한다. 어쩔 수 없이 아이들이 대학을 졸업할 때까지는 무슨 일이 있더라도 희생하겠다고 마음먹는다.

하지만 자신이 희생하는 만큼 자신의 말을 잘 따라주고 자신이 하고 싶은 것, 먹고 싶은 것, 입고 싶은 것을 희생해 온 만큼 자신의 기대대로 성장해주기를 원한다.

만약 아이들이 그 기대대로 자라주지 못한다고 느낄 때, 자기 자신도 주체 못 할 분노가 생기기 시작한다. 단순히 짜증이 늘어날 수도 있지만, 설령 그렇다 해도 그 짜증을 막을 수는 없는 것이다.

이럴 때 필요한 것이 바로 마중물이다. 아이를 키우는 일은 자신의 행복을 위해서이지 아이를 위해서가 아니다. 모든 양육은 양육자를 위한 일이지 아이를 위한 일이 아니다.

마중물은 그것을 깨닫게 해준다. 마치 반려동물을 키울 때 누구도 '반려동물을 위해서 키운다'는 생각을 하지 않는 것과 같다. 반려동물은 같이 살아가는 것만으로도 많은 것을 인간에게 베푼다고 생각한다.

그러므로 반려동물에게 기대하는 것도 없다. 반려동물을 키우기 위해 들어가는 노력은 희생한다는 생각을 들지 않게 한다. 그것은 자기 자신을 위해 반려동물을 키운다는 의식이 분명하기 때문이다.

마중물은 자식을 키울 때 역시 자신을 위해 키워왔다는 생각을 분명하게 인식시켜준다. '내'가 행복하기 위해 아이들을

> 영희야
> 설거지 해줘서
> 고마워
> 잘했어
> 응 ♥

낳아서 키운 것이다. 아이들을 잘 키우기 위해 '내'가 태어난 것이 아니라는 뜻이다.

마중물을 통해서 '희생한다', '희생해야만 한다'는 생각이 무의식에서라도 사라지기 시작하며, 결핍의 해소와 함께 분노는 한층 가라앉게 된다.

억압의 회복을 통한 분노 억압 증가

> 평상시 분노를 잘 다스리며 큰 문제 없이 살던 사람이 일상생활에서의 심리적 에너지 수급에 문제가 있어 지속적인 심리적 에너지 적자를 본다고 가정을 하자.
>
> 적자 누적으로 인해 억압에 이용되던 에너지마저 고갈되어 탈억제 disinhibition가 일어나는 경우에는 예상 못 한 짜증과 분노가 나오며 자기 자신도 당황해한다.
> 바로 이런 상황에서 마중물은 조금 더 효과적이다. 짜증, 투덜거림, 누군가에 대한 이유 없는 미움 등의 일상생활에서의 불평이 줄어드는 것을 느낄 수 있다.

실시간으로 발생하는 직접적인 결핍에 의해 발생하는 분노도 있지만 원래 존재하던 분노도 있기 마련이다.

평상시 잘 억누르고 잘 추스르던 분노가 심리적 에너지가 쇠약해짐에 따라 억압하던 에너지를 뚫고 터져 나오게 되는 경우가 있다. 극심한 스트레스로 인해 분노가 조절이 안 되는 경우를 예로 들 수 있다.

스트레스 상황에 온통 쏠린 자신의 에너지와 관심을 자기 자신에게 돌려 마중물 요법만 할 수 있다면 어느 정도의 에너지가 차게 되고 그 에너지가 분노를 저절로 억눌러 주는 효과를 볼 수 있다.

새로 생긴 분노가 너무 커서 기존의 분노에 추가되어 더 이상 누르고 있는 에너지가 버티지 못하고 터져 나올 때는 마중물을 통해 효과를 보기엔 너무 느리고 제한적이다. 새로 생긴 큰 분노로 인해 극도로 흥분되고 예민해져 있기 때문이다.

아무리 애써도 '나'의 주의를 '나'에게로 돌리기 어렵다. 이럴 때는 약물치료에 보조적인 치료로 사용할 수 있다.

만약 평상시 분노를 잘 다스리며 큰 문제없이 살던 사람이, 일상생활에서의 심리적 에너지 수급에 문제가 있어 지속적인 심리적 에너지 적자를 본다고 가정해보자.

적자 누적으로 인해 억압에 이용되던 에너지마저 고갈되어 탈억제disinhibition가 일어나는 경우에는 자기 자신도 예상치 못해 당황스러울 정도의 짜증, 분노가 표출된다.

예전과는 달리, 아주 사소한 분노조차 통제하지 못하고, 들어오는 족족 다시 튀어 나가는 것이다.

바로 이런 상황에서 마중물은 조금 더 효과적이다. 짜증, 투덜거림, 누군가에 대한 이유 없는 미움 등의 일상생활에서의 불평이 줄어드는 것을 느낄 수 있다.

억압에 사용되는 에너지 회복으로 인한 부정적 감정 감소

> 평상시는 심리적 관성으로 자연스럽게 억압되어 있던 부정적인 감정을 가진 생각들이 에너지가 소진되면서 억압이 풀리게 되며, 그 약해진 억압을 뚫고 부정적인 감정을 가진 생각들이 올라온다.
>
> 심리적 에너지가 다시 차면 어떠한 노력 없이도 저절로 사라지게 되는 것들이다.

위의 내용과 비슷한 이유로 부정적인 감정의 생각들이 줄어들게 된다. 잠을 못 자는 증상으로 인해 고생하는 사람 중 상당수는 쓸데없는 생각이 꼬리에 꼬리를 물고 떠오르며 잠을 못 자게 한다고 호소한다.

마찬가지로, 평상시에는 심리적 관성으로 자연스럽게 억압되어 있던 부정적인 것들이 그것을 억누르던 에너지의 고갈로 억압에서 해방되어 올라와 머릿속을 휘젓고 다니는 것이다.

하지만 이들 역시 마찬가지로, 심리적 에너지가 다시 차면 어떠한 노력 없이도 저절로 사라지게 되는 것들이다. 물론 불면 증세가 심각할 경우에는 마중물을 시작할 에너지조차 남아 있지 않다는 것이므로, 약물의 도움을 받아야 한다.

내가
나를 위해
불 끄고
재워 줄게
응

불 끄고
재워줘서
고마워
잘했어
응

심리적 관성이란?

어렸을 때나 과거의 좋지 않은 기억 속의 괴로운 감정을 억누르다 보면 감정을 누르지 못하고 감정이 발생하는 기억을 누르게 된다. 기억이 바뀌면 감정은 자연스럽게 환기되기 때문이다.

문제는 그것을 너무 심하게 억누를 때 발생한다. 만약, 정말 싫은 감정과 기억을 다시 불러일으키는 문제를 현실에서 맞닥뜨렸다고 하자.
현실의 문제를 찬찬히 들여다보면서 이성적으로 해결하기보다는, 그것을 빨리 덮어버리거나 최대한 피하려 할 것이다. 그 반응은 아주 어렸을 때였다면 최선이라 할 수 있겠으나, 이미 성인이 되었음에도 같은 반응을 보인다면 이는 전혀 기능적이지 못한 것이다.
그렇게 떠올리기 싫은 기억을 불러일으키는 상황에서 현재 나의 상태와 상관없이 어렸을 때나 했을 법한 반응이 한결같이 나오는 경우를 심리적 관성이라 정의한다.

비슷한 기존의 용어로는 트라우마, 또는 콤플렉스가 있다.

기억이 전반적으로 억눌리면, 기억을 재료로 사용하는 인지기능 역시 같이 떨어진다. 인지기능이 떨어진 상태에서는 눈앞에 놓여있는 '과거의 감정을 불러일으키는 현재의 '문제'를 제대로 해결할 수가 없는 것이다.

하지만 현재의 불편한 감정을 회피하기 위해서는, 이 문제를 해결해야만 한다.

그럴 때, 과거 비슷한 상황에서 쓴 적 있던 방법을 사용하게 된다. 물론 이는 어릴 때 사용했던 방법이므로, 문제를 회피 혹은 외면하거나, 모른 체 하는 등의 행동을 의미한다.

그것은 어릴 때는 꽤 적응적인 방법이었겠지만, 조금 더 성장한 어른에게는 때로 최악의 선택이기도 하다.

이후에는 그 문제에 형편없이 반응한 자기 자신을 혐오하게 되며, 부정적인 감정이 강화된다.

강화된 부정적 감정은 비슷한 다음 번 상황에서 더 크게 억압받는다. 자신의 반응 방식이 마음에 들지 않지만 기억이 억압된 상황에서는 또 다시 인지기능이 저하되며 머릿속이 하얘진다.

떨어진 인지기능하에서 현재의 문제를 처리하기 위해 자기 혐오의 가장 큰 원인이자 절대로 회피하고 싶었던 어린시절의 해결책이 무의식중에 다시 재현된다. 이를 심리적 관성이라고 한다.

인정욕구와 확인욕구 충족을 통한 외로움 감소

> 인정욕구와 확인욕구가 충족되는 것의 실제적인 느낌은 덜 외로워지는 것이다.
> 에너지를 조금이라도 스스로 만들 수 있다는 것을 알게 되면 외로움도 사라지게 된다.

인정욕구와 확인욕구가 충족된다는 것은 이미 설명하였다. 그것의 실제적인 느낌은 덜 외로워지는 것이다. 아무도 '나'를 지지해 주지 않고 아무도 '나'를 인정해 주지 않을 때 외로움을 느낀다.

지속해서 왕따 문제가 불거지며, 이를 학교 폭력의 일환으로 다룰 만큼, 무리를 지어 한 사람을 따돌리는 것은 그 사람으로 하여금 큰 상처를 받게 만드는데, 무엇보다도 그 상처는 외로움이다.

그것도 타인에 의한 강제적인 외로움이다. 따지고 보면, 강제적 외로움을 폭력이라고 느낄 정도로 인간들은 외로움을 두려워하는 것이다. 강제적 외로움을 두려워하는 이유는 에너지를 인간관계에서 얻어야 한다고 생각하기 때문이다.

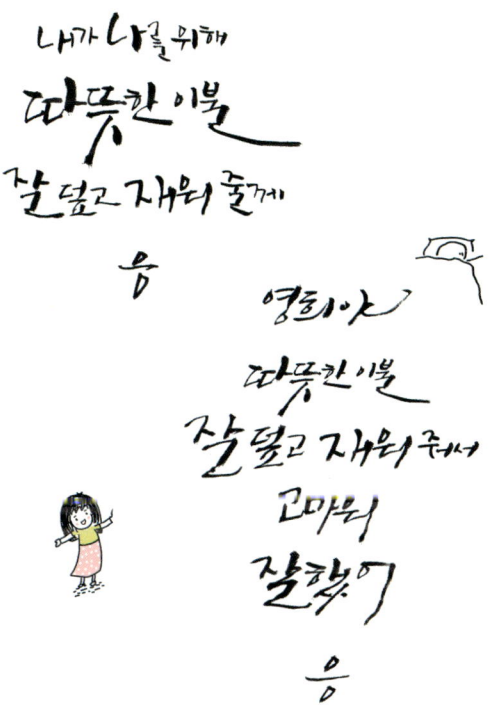

결국, 외로워지면 에너지를 받을 곳이 없어진다는 뜻이다. 에너지를 조금이라도 스스로 만들 수 있다는 것을 알게 되면 외로움도 사라지게 된다.

외로움 감소로 인한 타인에 대한 의존심 감소

> 에너지는 타인에게서 받는 것이 아니라 자신이 스스로 만드는 것이라는 것을 깨닫게 되면, 모든 생각과 말과 행동은 타인에게서 벗어나 독립을 할 수 있게 된다.

이미 설명한 바와 같이, 타인에게 에너지를 받으려 하기 때문에 타인의 의도에 대해 계속해서 신경 쓸 수밖에 없고, 타인이 내게 에너지를 줄 것인가에 대해 눈치를 봐야 한다.

그리고 내가 어떻게 하면 타인에게서 에너지를 얻을 것인가를 고민하게 되는 것이다. 고민하면 할수록, '나'의 생각과 말과 행동은 타인에게 종속될 수밖에 없다.

하지만 에너지는 타인에게서 받는 것이 아니라 자신이 스스로 만드는 것이라는 것을 깨닫게 되면, 모든 생각과 말과 행동이 타인과의 종속에서 벗어나 독립할 수 있게 된다.

그것은 세상을 살아가는 '나'를 누군가의 '내'가(엄마의 아들딸, 아버지의 아들딸, 부인의 남편, 남편의 부인, 아이들의 엄마, 아이들의 아빠로서의 '내'가) 아니라, 온전히 '나' 자신으로 살아가게 만드는 유일한 방법이다.

의존심 감소로 인한 분리불안 감소

> 마중물을 통해 '나'는 '나'에게서 에너지를 얻을 수가 있다. 그것도 거의 대가 없이 얻는 것이다.

의존심이 감소하다 보면 내가 의지할 사람이 없어지는 것에 대한 불안감에서 해방될 수 있다.

'나'에게 에너지를 줄 사람이 없어진다고 하더라도 '나'는 완전히 에너지에서 소외되지 않는다.

마중물을 통해 '나'는 '나'에게서 에너지를 얻을 수가 있다. 그것도 거의 대가 없이 얻는 것이다. 굳이 다른 사람이 자신을 떠날까 봐 눈치 보며 전전긍긍하지 않아도 된다.

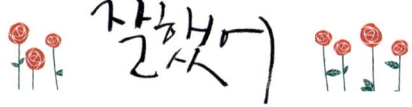

외로움·의존심·불안감의 감소로 대인관계 안정화

> 마중물을 통해 '나'에게서 에너지를 얻게 되면, 사람을 이전만큼 만나지 못해도 크게 외롭지 않으므로 대인관계에 그렇게 목숨을 걸지도 않는다.
> 거기에 이러한 생활이 지속되어도 조바심이 나지 않으므로, 인간관계에서 타인에게 끌려다니지 않는다.

사람을 이전만큼 만나지 못해도 크게 외롭지 않으므로 대인관계에 그렇게 목숨을 걸지도 않는다. 거기에 이러한 생활이 지속되어도 조바심이 나지 않으므로, 인간관계에서 타인에게 끌려 다니지 않는다. 대인관계를 내 형편에 맞추어 유지할 수 있게 되는 것이다.

대인관계가 에너지원인 사람은 투자한 상대방에게서 원하는 만큼의 에너지를 얻지 못하면 그 관계를 차단하게 되므로, 아무리 친한 듯 보여도 그 관계는 금방 청산되곤 한다. 그렇지 않다면 다분히 질척한 관계가 된다.

무심한 듯 항상 그 자리에 있는 사람일수록 작은 일에 일희일비하지 않으며 항상 같은 마음과 태도로 인간관계를 유지할 수가 있다.

자존감 회복으로 인한 행복감 증가

> 행복감이 증가한다는 것 보단 행복하지 않다고 생각하게 하는 공허감, 허무감이 사라진다고 하는 게 맞겠다.
> 이는 마중물을 통해 '나'에게 가장 기본적인 것들을 충실히 채워 주는 '나'를 인정하게 되는 과정에서 오는 것이라고 추측된다.

앞에 열거한 효과들은 충분히 이론적으로 이해가 가능한 부분이지만 자존감 회복이 행복감을 주는 것은 전혀 기대하지 못했던 부산물이다.

행복감이 증가한다는 것 보단 행복하지 않다고 생각하게 하는 공허감, 허무감이 사라진다고 하는 게 맞겠다. 이는 마중물을 통해 '나'에게 가장 기본적인 것들을 충실히 채워 주는 '나'를 인정하게 되는 과정에서 오는 것이라고 추측된다.

'내'가 기본적 에너지를 얻기 위해 '나'를 외면하고 오히려 타인에게 더 신경 쓰고 더 잘 보살피게 되면, 앞서 말한 우화('엄마를 싫어하는 딸')에서 설명하였듯이 '내(딸)'가 '나(딸)'보다 다른 집 남의 딸을 더 챙기는 '나(어머니)'를 원색적으로 비난하게 되며 항상 스스로를 이중적인 위선자라고 생각하게 된다.

처음에는 이렇게 자신의 이중성을 인식하는 것이 공허함과 허무감, 채워지지 않는 허전함, 먹어도 먹어도 만족하지 못하는 허기의 근원인 것을 알지 못했다.
하지만 마중물을 통해 자신을 위선자라고 평가하는 것이 사라짐과 동시에 그 부정적인 감정들도 함께 사라지는 것을 관찰하게 되었고, 그로 인해 인간의 불행감의 근원이 무엇인지를 깨닫게 되었다.

심리적 허기 감소로 인한 체중 조절에 도움

> 심리적 허기란 대리욕구로 발생한 식욕이라고 할 수 있다.
>
> 이 허기는 원래 가지고 있는 허기가 아니라 인정욕구, 확인욕구의 대리 욕구로서의 식욕이다. 당연히 폭식증이 있는 모든 사람의 허기와 식욕은 대리욕구다. 대리욕구가 많다는 것은 어린 시절 결핍이 많다는 뜻이다.
> 당연히 마중물에 충실하면 대리욕구들이 마중물로 충족이 되기 시작하면서 심리적 허기도 줄어들게 된다.

심리적 허기란 대리욕구로 발생한 식욕이라고 할 수 있다.

인간관계에서 인정받지 못하여 외로움이 생겨나면 '나'는 '나'를 위로하거나 기분 좋게 할 수 있는 방법을 찾는데, 그러한 과정에서 결국 다시 먹는 것으로 돌아오게 된다. 자괴감이 들고 외로울 때면 허기까지 몰려오게 되는 경우다.

이 허기는 원초적 허기가 아니라 '인정욕구, 확인욕구의 대리욕구로서의 식욕'이라 할 수 있겠다. 당연히 폭식증이 있는 모든 사람의 허기와 식욕은 이 대리욕구다.

이 대리욕구가 많다는 것은, 어린 시절 겪었던 결핍이 많다는 뜻이기도 하다.

그 결핍들을 채울 수 있는 유일한 방법으로 식욕을 택한 것

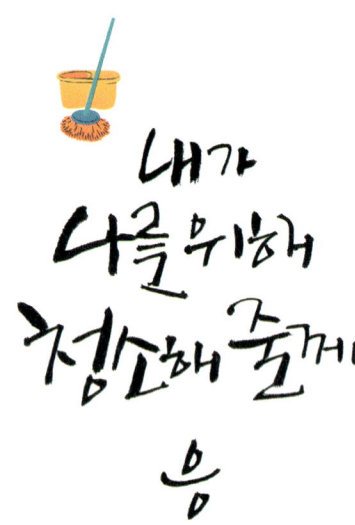

이며, 결국 몸이 필요로 하는 칼로리보다 훨씬 많은 양을 먹게 된 셈이다.

하지만 마중물에 충실하면 대리욕구들이 마중물로 충족이 되기 시작하고, 심리적 허기 역시 줄어들게 된다.

실제 치료과정에서도 그것이 극적으로 나타나지는 않지만,

내적인 경험이나 식습관이 바뀌는 경험을 하게 된다. 이 문제는 신체적인 문제와 연결되어 있기 때문에, 모든 마중물 효과 중 가장 마지막에 나타나는 것 중에 하나이다.

안정적 에너지 공급으로 인한 상황중독 극복

　일상생활에서 만나는 상황중독은 심리적 에너지 급격한 상승과 급격한 하강의 한쌍으로 이루어져 있다. 그리고 급격한 에너지 하강의 크기가 에너지 상승의 크기보다 크다. 항상 합산으로는 마이너스이다.

　만약 매일같이 에너지가 조금씩 소모되는 삶을 살고 있다면 상황중독에서 일어나는 급격한 에너지 상승과 하강중에 오히려 에너지 상승에만 촛점이 맞춰지게 된다. 에너지 하강은 늘 조금씩이나마 있던 일이므로 매일 일어나는 일로 치부된다.

　급격한 에너지 상승은 매일 빠져나가는 에너지를 보충할 수 있는 완벽한 대체재로 느껴진다. 매일 조금씩 에너지가 빠지는 마당에 순간적으로나마 쾌감을 느끼게 해주는 에너지 상승이야말로 힘든 일상을 벗어나게 해주는 유일한 탈출구처럼 느껴지게 된다. 그러니 그보다 더 큰 에너지 하강이 반드시 뒤따른다 해도 별로 신경쓰지 않는다.

그 결과로 에너지가 빠지는 상황이 지속될수록 에너지 상승을 맛볼 수 있는 유일한 기회인 상황중독에 점점 더 집착할 수밖에 없다. 중독이 더 심해지는 것이다.

반대로 매일매일 하는 마중물요법을 통해 일상생활의 소소한 즐거움을 맛보고 있다고 하자. 그렇게 조금씩 지속적으로 에너지가 들어 온다면 적게나마 상승하는 에너지들 속에 존재하는 급격한 에너지의 변화는 조금 달갑지 않은 불청객처럼 여겨진다. 하물며 들어오는 에너지 상승보다 월등히 더 큰 에너지 하강이 존재한다면 급격한 에너지 상승에는 별로 큰 감흥을 느끼지 못한다. 오히려 에너지 하강이 더 두드러져서 느껴진다. 에너지가 조금씩 상승하는 상황에서 큰 폭의 에너지 감소가 너무도 뚜렷하게 느껴진다.

이러한 이유로 인해 마중물요법을 안하는 상황에서의 상황중독은 에너지가 들어오는 행위로 인식되고 마중물요법을 하는 상황에서의 상황중독은 에너지가 빠져나가는 행위로 인식된다.

에너지가 지속적으로 빠져나갈수록 에너지로 느껴지는 상황중독에 집착하게 되며 에너지가 지속적으로 들어올수록 에너지 손실로 느껴지는 상황중독을 자연히 멀리하게 된다. 오랜 기간 동안의 충분한 마중물요법은 상황중독을 자연스럽게 기피하게 만드는 최고의 치료법이다.

　이러한 상기의 효과들은 사람, 상황에 따라 부분적으로 다르게 느끼는 것이다. 물론 이 모든 효과들을 한꺼번에 느끼는 사람도 있겠지만, 대부분은 한 번에 한두 가지 정도만을 경험하게 된다. 물론 이는 마중물을 긍정적인 마음으로 꾸준히 진행했을 때의 얘기다.
　마중물에 대한 부정적인 마음을 가진 채 그것을 억지로 진행하거나, 마중물의 문장을 그대로 말하지 않는다면 그 효과가 제한적일 수밖에 없다.
　부정적인 마음이 있더라도, 억지로라도 참고 꾸준히 마중물을 진행하는 것이 좋다. 마중물의 치료 효과를 체험하는 데까지 걸리는 시간도 지연되고 그 결과도 제한적이겠지만 전혀 없는 것은 아니며, 앞으로 지속해서 효과를 보기 위해서는 태도의 변화가 선행되어야 한다. 믿음을 가지고 억지로라도 꾸준히 마중물을 해야 하는 것이다.

　간단한 예를 들어보자. 엄마와 딸의 관계를 가지고 다시 '나'와 '나'의 관계를 비유해보자.

집 나간 엄마

5년간 집을 나갔다가 들어온 엄마가 있다고 하자. 당연히 딸에게 미안해할 것이다. 그래서 화해하기 위해 최선을 다해 노력할 것이다.

하지만 딸은 엄마를 그대로 받아들이지 않을 것이다. 화를 낼 것이고 투정을 부릴 것이고 엄마의 노력을 거부할 것이다.

만약 엄마가 자신의 사과와 화해의 노력을 받아주지 않고 거부한다고 해서 며칠 노력하지도 않고 더 이상 노력하지 않겠다고 하고 다시 떠나갈 것이라고 선언하면 딸의 화는 끝내 풀지 못할 것이다.

엄마는 딸의 거부를 무릅쓰고라도 지속적인 노력을 해야 딸의 분노를 풀 수가 있다. 만약 마중물을 하는데 거부감이 든다면 이 엄마와 딸의 비유를 생각하자.

'내(엄마)'가 '나(딸)'를 방치했다는 뜻이다. 그래서 딸(받는 '나')이 엄마(주는 '나')에게 화를 내고 있다는 뜻이다. 이 정도 화는 이겨내고서라도 잘하라는 뜻이다.

그러니 딸이 그러면 그럴수록 엄마는 딸에게 더 정성껏 보살펴 줘야 한다. 딸의 마음이 풀릴 때까지 딸을 보살펴야 한다.

그러니까 하기 싫어도 해야 한다.

K 심리학 6

정신의학과 전문의 **최성규**의 K심리학

K심리학이란,,,

나는 임상에서 환자들을 치료하는 과정에서,
기존의 심리학이 가진 문제점들에 대해 생각하게 되었다.

그 중 하나는 이론이 증상에 맞추어서,
즉 상황에 따라 그때그때 바뀌어야 한다는 것인데,
이는 환자를 치료하기 위해서 매번 그 환자의 상태에 끼워
맞출 수 있는 이론을 찾아야만 한다는 것을 의미한다.

나는 여기서 통합된 이론 체계가 필요함을 느꼈고,
심리적 에너지의 관점으로 이론들의 원리를 통합하여,
K심리학이라 명명하였다.

출처 마음의 지도 (최성규 지음)

에너지 경제론 3

자존감의 구성 성분

자기가치감   어떤 조건이나 대가 없이도 자신을 존중받아 마땅한 사람이라고 여기는 마음. 한번 생기면 큰 문제가 없는 한 변하지 않는다.

자기효능감   자신의 쓰임새나 사용감을 통해 자신의 가치감을 느끼는 마음. 노력하여 성과를 내고 그 성과를 통해 타인으로부터 받는 인정을 통해서 자신의 가치를 확인하는 마음.
자기가치감의 형성이 멈추는 순간부터 발생하며 한번 생겼다고 해서 고정되지 않는다. 늘 증명해야 문제이므로 때로는 다 채워지기도 하지만 때로는 텅비기도 한다. 즉 변수에 따른 고갈 위험이 크다.

자존감의 형성   종류별로 나눠진 욕구가 전반적으로 충분히 채워지면 각 욕구에 해당하는 심리적 에너지가 따로 모여 에너지 응집체가 형성되는데 이것이 자존감을 형성한다.

자기가치감의 형성 자기가치감은 양육자가 '나'를 아무런 대가와 조건 없이 양육해 줄 경우에 생성된다. 양질의 양육을 아무런 대가 없이 받을 경우 자신은 이 정도의 양육과 환경을 받고 누릴 자격이 있다고 생각한다.

이 생각은 어릴수록 잘 형성이 되며 타자변형적 태도(〈마음의 지도〉참조)가 유지되는 한 계속 만들어 질 것이다. 타자변형적 태도는 자신의 불편함을 타인으로 하여금 채우고 해결하도록 요구하는 태도를 말한다.

그리고 양육자가 그런 태도에 이의를 제기하지 않는 한 자신의 불편함을 해결하는 주된 방법이 될 것이다. 만약 양육자에 의해서 타자변형적 태도가 바뀌지 않으면 자기가치감이 너무 넘치게 되어 타인의 자존감을 훼손하게 될 수도 있으므로 적절해야 한다.

자기가치감
양육자가 '나'를 아무런 대가와 조건 없이 양육해 줄 경우에 생성된다.

자기효능감의 형성   결국 자기가치감은 양육자에 의해서 종결된다. 자연스럽게 일어나는 현상이다. 양육자에 의해 기본적욕구와 확인욕구가 채워지지만 더 이상 양육자의 심기를 거스르면서까지 일방적으로 채워질 수 없게 된다.

양육자에게 인정받지 않으면 자신의 불편함이 사라지지 않는(인정욕구 형성) 시기를 거치면서 드디어 다른 사람(양육자)에게 인정받기 위해 자기가 스스로 노력하게 된다. 타자변형적 태도에서 자기변형적 태도로 바뀌는 것이다.

그때부터 타인에 대한 공감능력을 배우며 타인에 대한 배려를 배운다.

그러므로 타자변형적 태도에서 자기변형적 태도로 패러다임이 바뀌는데 이는 반드시 일어나야 하는 현상이다. 이 시기의 욕구는 확인욕구에서 인정욕구가 만들어 진다.

확인욕구 결핍을 해결하기 위해 발생하는 인정욕구 형성은, 타자변형적 태도에서 자기변형적 태도로의 변화와, 자기가치감의 성장이 멈추고 자기효능감이 만들어지기 시작하는 것과 함께 동시에 일어난다.

어떻게 보면 하나의 본질적인 변화를 세가지의 방향에서 바라보고 기술한 세가지의 발현 형태라고 볼 수 있다.

그리고 기본적욕구와 확인욕구의 결핍이 심하여 인정욕구가 커지면 커질수록 자기변형적인 태도가 더 심해지며 자존감의 구성성분중 자기가치감은 줄어들고 자기효능감의 비중은 더 커지게 된다.

자존감의 특징   자존감은 자기가치감과 자기효능감의 합이다. 이 두가지 구성성분은 '나'의 자존감을 구성하는데 있어서 서로 배타적이며 서로 상보적이다. 가치감이 상승하면 효능감이 줄어들고 효능감이 상승하면 가치감이 줄어든다.

자기가치감이 100%이면 '나'는 행복한 삶을 살수 있겠으나 사회에서 어울려 살아갈 수 없고, 자기효능감이 100%이면 사회에서 어울려 잘 살아가는 것처럼 보일 수 있으나 사실은 '내'가 죽을 만큼 버거워진다.

자기가치감은 어린시절 받았던 부모의 양육으로부터 만들어진다. 양육자가 아무 대가 없이 지속적이고 무조건적인 양육을 베풀었다면 자기자존감은 점점 커질 것이다.

기본적욕구와 확인욕구를 비롯해서 인정욕구까지 아무런 노력과 대가 없이 채워지는 경험을 하다보면 자신의 다양한 욕구충족으로 부터 모인 심리적 에너지는 모두 자기 가치감으로 형성된다.

반면 항상 양육을 받기 위한 조건을 제시하거나 노력을 요구할 경우, 또는 지나친 결핍이나 양육의 부재가 발생할 경우, 다시 말해 양육 받을 자격을 끊임없이 검증하여 '나'의 노력을 요구할 경우에 자기가치감의 형성은 멈추고 자기효능감이 형성되기 시작한다.

만약 영유아부터 양육의 결핍이 지속적으로 심할 경우에는 자기가치감이 0이 될 것이다. 그리고 스스로의 가치를 증명하기 위해서 자기효능감을 만들고 거기에 매달리게 될 것이다.

어렸을 때 양육에 의해 형성되는 자기가치감은 양육의 질과 시간에 따라 그 양이 고정되며 자존감 내의 그 구성비도 고정되어 바뀌지 않는다.

만약 누군가를 일반적으로 자존감이 낮다고 평가할 경우는 엄밀히 말하면 바로 자기가치감의 구성비가 낮다는 뜻이다. 이런 사람의 자존감은 대부분 자기효능감으로 이루어져 있다. 이런 사람일수록 자기 스스로의 가치를 증명해 내지 못하면 자존감이 0에 수렴하게 된다. 타인에게 인정받지 못하여 자기효능감이 0이 되면 자기가치감도 없으므로 자존감 전체가 0에 수렴한다. 쉽게 죽음을 떠올리게 되고 자신을 쉽게 내팽개친다.

자기가치감이 조금이라도 남아 있다면 자존감은 크게 타격받지 않는다. 자기 가치감이 10%만 남아 있다 하더라도 죽고싶다는 생각은 덜 할 것이다. 당장 자기효능감을 올리는데 실패해서 0이 되었지만 자존감 전체가 0은 아니며 다시금 자기효능감을 얻을 수 있는 기회를 엿보게 해주는 종잣돈 역할을 할 수가 있다.

이상적인 양육

이상적인 '나'의 자존감 구성비를 생각해보면 자기가치감이 없어서는 안되지만 자기효능감보다 더 많아서는 안된다고 생각하여 10%에서 40%의 자기가치감이 존재하고 나머지는 모두 자기효능감으로 채워져야 한다고 보는 것이 이상적일 것으로 보인다.

한국 사회에서는 조금 더 자기효능감이 필요한 사회이다. 그러므로 10-20%가 적당할 것으로 보인다.

실제로 자존감의 저하로 문제가 되는 사람들은 자기가치감이 거의 없는 경우가 많았다. 조금이라도 자기가치감이 존재한다면 크게 유용하다. 자기효능감이 무너져서 제기능을 못할 때에도 약간의 자기가치감만 있어도 충분히 자신을 지켜가는데 큰 문제가 없었다.

양육단계에서 기본적욕구와 확인욕구의 충족이 충분하다고 생각되면 가족관계에서 해야하는 역할과 사회에서 해야하는 역할에 대해서 선을 긋고 해야 하는 것과 해서는 안되는 것에 대한 일관된 가르침이 필요하다.

자기가치감을 키우는 양육이라면 조건 없는 양육이 제일 좋겠지만 자기가치감이 50%이상이 되면 타자변형적 태도에서 자기변형적 태도로의 변화가 발생하지 않았다는 얘기이며 또 한편으로는 인정욕구도 발생하지 않았다는 뜻이다.

자기변형적 태도가 발생하지 않게 되면 타인에 대한 배려나 타인에 대한 공감능력이 떨어질 수가 있다. 심각한 경우에는 인성 형성에 문제가 생긴다.

인정욕구 또한 약해지기 때문에 사회에서 자신의 자아실현에 대한 욕구가 저하되어 자신만의 기본적욕구나 확인욕구추구에만 매달리게 되는 경향이 발생한다.

또는 실제 사회에서의 인정욕구 충족 대신에 가상세계로 옮겨서 얻는 인정욕구 충족만으로도 충분히 만족한 상태가 된다. 그러므로 외부인과의 접촉을 줄이고 살아가는 사람이 될 수도 있다. 이는 긍정적이거나 부정적인 형태 모두 마찬가지로 발생할 수 있다.

그러므로 양육단계에서 기본적욕구와 확인욕구의 충족이 충분하다고 생각되면 가족관계에서 해야하는 역할과 사회에서 해야하는 역할에 대해서 선을 긋고 해야 하는 것과 해서는 안되는 것에 대한 일관된 가르침이 필요하다. 양육자의 이익을 위해 '나'의 이익을 포기할 수도 있으며 그 포기를 당연하게 받아들일 수 있어야 한다. 양육자에게 적절한 노력(심리적 에너지)를 제공하고 그 대가로 칭찬과 인정을 받는 것을 당연하게 생각할 수 있어야 한다.

| 자존감의 교정 | 자존감의 구성비는 성장과정에서 한 번 정해지면 바뀌지는 않은 것으로 보인다. 아무리 자존감을 높이려고 노력해봤자 결국 자기 효능감이 높아질 뿐이다.

그래서 자기가치감이 0에 가까운 사람에게는 마중물 요법이 효과적이다. 마중물 요법은 그 출신이 자기효능감이란 태생의 한계가 존재한다. 작은 행동 하나하나에 대한 가치를 평가하는 것이므로 자기효능감에 해당하기 때문이다. 그러므로 마중물 요법을 최대한 많이 한다고 해서 자기가치감이 상승하지는 않는다.

다만, 마중물 요법에 해당하는 내용이 모든 사람이 매일하고 있기도 하고 매일하지 않으면 안 되는 가장 기본적인 내용으로 채워져 있기 때문에 일반적인 사람이라면 일상생활 그 자체의 가치가 높아지는 것으로 여겨진다. 그러므로 느낌으로는 거의 자기가치감에 해당하는 심리적 에너지가 채워진다고 할 수 있다.

내가
나를위해
깔끔한
이불 깔고
재워
줄께 응

나를위해

고마워
잘했어
Yes

7
마중물 요법의 진행 단계

7. 마중물 요법의 진행 단계

1단계 억지로라도 하고 있는 기본적 일상 서비스에 마중물 요법하기
기본적 일상 서비스 앞뒤로 마중물을 붙여서 스스로에게 소리 내어 말해서 '내'게 들려주는 것이다.

2단계 마중물을 통해 회복된 후에도 계속 마중물 요법을 유지하기
처음 마중물을 시작하기 전의 '내'가 하던 일보다 월등히 많은 일을 일상생활에서 해내고 있는 '나'의 모습을 볼 수 있게 된다.

3단계 가족적 마중물로 확장하기
기본적 일상생활을 통해 마중물 요법을 하게 되고 그것을 끈기 있게 할 수 있게 되면 일상적인 스트레스 상황을 버텨낼 수 있는 심리적 체력이 생기게 된다.

1단계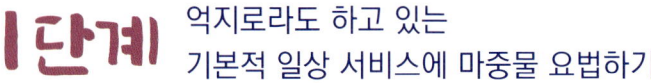
억지로라도 하고 있는
기본적 일상 서비스에 마중물 요법하기

> » 기본적 일상 서비스 앞뒤로 마중물을 붙여서 스스로에게 소리 내어 말해서 '내'게 들려주는 것이다.
> » 다른 사람이 들을까 봐 걱정이 되면 마음속으로 말해서 들려준다
> » 마중물을 반복적으로 하다 보면 억지로 하던 기본적 일상 서비스들이 모두 자기를 위해서 하는 것으로 느껴지면서 억지로 하는 느낌이 줄어들게 된다.

제일 먼저 마중물을 시작할 때는 모든 기본적 일상 서비스에 해당하는 마중물을 전부 할 수 없는 경우가 대부분이다.

일부 기본적 일상생활이 가족단위별로 이루어지므로 다섯 가지 기본적 일상 서비스를 모두 다 하는 사람이라면 전업주부 말고는 없다고 할 수 있다. 각자의 위치에서 자신이 하는 몇 개 안 되는 기본적 일상 서비스라도 충실히 해야 한다.

그리고 그 기본적 일상 서비스 앞뒤로 마중물을 붙여서 스

스로에게 소리 내어 말해서 '내'게 들려주는 것이다.(다른 사람이 들을까 봐 걱정이 되면 마음속으로 말해서 들려준다.)

그리고 위에서 얘기한 마중물의 효과 중 무엇 하나라도 느낄 수 있어야 한다.

마중물을 반복적으로 하다 보면 억지로 하던 기본적 일상 서비스들이 모두 자기를 위해서 하는 것으로 느껴지면서 억지로 하는 느낌이 줄어들게 된다. 이것은 모든 마중물의 효과가 나타나는 시작점이 된다. 물론 이 부분은 사람마다 반응이 많이 달라지는 부분이기도 하다.

분노가 많은 사람일수록 스스로에게 마중물을 해 주는 것을 그 자신에게 방해받는다. 분노가 많다는 것은 결핍이 많다는 의미이고, 자신의 결핍이 많은 사람은 그 결핍을 누군가가 채워주기 원한다.

그 '누군가'가 나타날 때까지 결핍이 많은 현실을 인내할 수밖에 없는 것이다. 그리고 그 기다림의 시간이 길면 길수록, 인내해야 할 결핍의 크기가 크면 클수록 충족을, 구원을 바라는 마음 역시 커진다.

그렇기에 '누군가를 기다리기보다는 스스로 자신의 결핍을 채워 주어야 한다'는 말을 들으면, 화를 내며 억울함을 내비치는 것이다. 이 분노를 극복하는 것은 많은 이들에게 숙제가 될 것으로 보인다.

2단계 마중물을 통해 회복된 후에도 계속 마중물 요법을 유지하기

> 1단계를 통하여 에너지가 생기기 시작하면, 그것을 평상시엔 에너지가 없어 하지 못했던 유흥, 오락에 다 써 버리고 다시 방전되는 사람도 존재한다.
> 그리고는 그 상태에서 마중물이 효과가 없었다고 잘못 판단한다. 그에게 마중물은 해 봐야 소용이 없는 것이 되어 버렸다.
> 이제 그는 전보다 더 깊은 우울증에 빠지게 될 것이다.

1단계를 통하여 에너지가 생기기 시작하면, 그것을 평상시엔 에너지가 없어 하지 못했던 유흥, 오락에 다 써 버리고 다시 방전되는 사람도 존재한다.

여기서 모인 약간의 에너지는 다시 에너지를 만들기 위해 '나'에게 재투자 되어야 한다.

물론 아무 데도 나가지 말고 친구도 만나지 말고 집안에 틀어박혀 집안일이나 하고 있으라는 뜻은 아니다. 조금의 에너지가 생긴 것을 하나도 남김없이 예전 버릇대로 남 주고 오는 것만은 삼가 달라는 것이다.

여기 우울해서 아무도 만나고 싶지 않고, 아무 데도 나가고 싶지 않고, 직장만 간신히 나가는 사람이 있다.
마중물 요법을 통해 조금의 에너지가 생겼다. 평상시 가지 못했던 친구들과의 모임에도 나가고, 술도 마시며 놀다가 밤늦게 돌아왔다. 그리고 귀찮음에 씻지도 않고, 이도 닦지 않고 잠이 들었다.
어제 밤늦게 돌아왔으니 잠 역시 충분히 잘 수 없었고, 피곤하여 충혈된 눈과 무거운 몸을 이끌고 다시 일터에 나간다.
이미 방전된 체력, 방전된 심리적 에너지로 인해 마중물을 하기 이전의 상태로 돌아온 것이다. 심지어 이번에는 마중물을 할 에너지까지 고갈되어 버렸다.

그리고는 그 상태에서 마중물이 효과가 없었다고 잘못 판단한다. 그에게 마중물은 해 봐야 소용이 없는 것이 되어 버렸다.
이제 그는 전보다 더 깊은 우울증에 빠지게 될 것이다.

마중물 요법이 '마중물'인 이유

'나'에게 부을 마중물마저 밭에다가 뿌리는 우를 범해서는 안 되는 것이다. 그리고 마중물을 단 한 번만 부으면 계속 물이 나올 것이라 착각해서도 안 된다.

마중물은 살아있는 한 계속해야 하는 보편적 일상생활이 되어야 한다. 이것이 펌프에 붓는 마중물을 차용하여 '마중물 요법'을 명명한 이유다.

결핍이 그렇게 많지 않은 사람들도 마중물을 계속 이어가지 못하는 경우가 많다.

마중물이 너무 잘 되어서 억지로 하던 모든 기본적 일상 서비스를 저절로 힘들이지 않고 하게 되면 더 이상 마중물을 갖다 붙이는 행동이 자연스럽게 사라지는 현상이 생긴다. 조금만 충족되어도 금방 좋아지므로 더 이상 마중물을 신경 쓰지 않게 되는 것이다.

하지만 마중물의 특성상 상태가 좋아지기 시작하면 금방 선순환이 이루어지지만, 이는 악순환 역시 시작되면 빠르게 진행된다는 의미이기도 하다. 걷잡을 수 없이 에너지가 소모되는 것이다.

악순환을 선순환으로 바꾸는 방법은 마중물밖에 없겠으나, 에너지 소모의 악순환에 빠진 사람들은 그것을 스스로 탈출할 힘마저 잃어버린 상태인 경우가 많다.

마중물 요법은 기본적 일상 서비스와 마중물 문구로 이루어진다. 억지로라도 기본적인 일상 서비스를 하고 있는 상태여야 요법을 진행할 수가 있는 것이다.

그런 의미에서, 기본적 일상 서비스마저 할 수 없을 정도로 에너지가 없는 상태가 된다면, 마중물 문구 역시 붙일 수가 없으므로 탈출하지 못하고 그 악순환의 굴레에 빠지게 된다..

다행히 사회적인 관계를 조금이라도 유지하고 있는 사람이라면, (억지로라도)먹고, (억지로라도)자고, (억지로라도) 씻는 것은 하고 있다고 봐도 된다는 것인데, 그렇다면 그 행동들에 마중물 문구를 붙일 수있게 된다. 다 꺼진 불이라도, 그 불씨가 남아 있는 것이다.

에너지양(量)에 따른 마중물 요법 수행 충실도의 변화 1

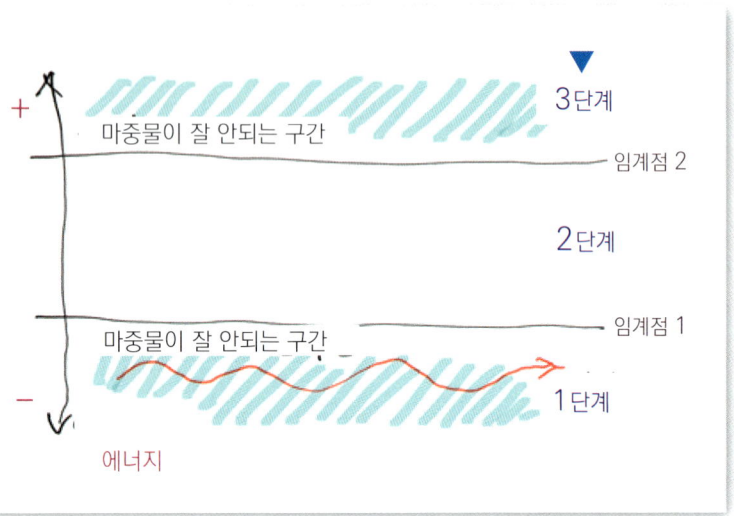

이것을 다시 떼어내서 구체적으로 들여다보자.

임상에 이를 적용하여 마중물 요법을 진행하다 보면 요법을 행하는 데 있어서, 에너지양의 변화에 비례하여 충실도 역시 변화를 보인다는 것을 알 수 있다.

에너지가 하나도 없을 때는 마중물을 할 에너지도 없는 상태라 할 수 있다. 그래서 마중물 자체를 하지 못한다.

하면 좋은 줄 알면서도 하지 못하는 상태다.

에너지양(量)에 따른 마중물 요법 수행 충실도의 변화 2

그러다가 마중물을 열심히 하다 보면 조금씩 에너지가 차기 시작하고, 그것이 임계점 1을 벗어나 마중물을 할 정도의 에너지가 생기면, 그때부터는 마중물을 정말 열심히 하게 된다.

열심히 하면 할수록 더 많은 에너지가 생기고, 그것이 마중물을 더 잘할 수 있는 여유를 주는 것으로 여겨진다.

그러므로 에너지가 생기면 생길수록 무기력에서 빠르게 벗어나게 된다.

에너지양(量)에 따른 마중물 요법 수행 충실도의 변화 3

```
+
  ///마중물이 잘 안되는 구간///        3단계
  ─────────────────────────        임계점 2
                                   2단계
  ─────────────────────────        임계점 1
  ///마중물이 잘 안되는 구간///        1단계
-
  에너지
```

    하지만 어느 정도 이상의 에너지가 차서 만족스러운 생활을 누릴 수 있게 되면, 마중물의 필요성이 떨어진다고 느끼고, 이전의 절박함이 사라진다. 마중물을 잘 하지 않게 되는 것이다.

    그렇게 되면 얼마 가지 않아 에너지가 다시 떨어진다. 물론 이 상황에서 에너지가 임계점 1 아래로 떨어지기 전에 다시 마중물을 진행한다면 에너지를 다시 회복할 수 있을 것이다.

그리고 임계점 2를 지나 절박함이 사라지는 구간으로 되돌아오면, 다시 마중물을 열심히 하지 않게 되며 서서히 에너지가 떨어진다.

이렇게 두 번째 임계점을 사이에 두고 왔다 갔다 하는 것이 일반적이다.

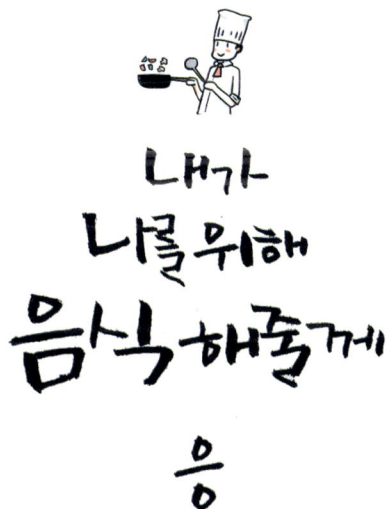

에너지양(量)에 따른 마중물 요법 수행 충실도의 변화 4

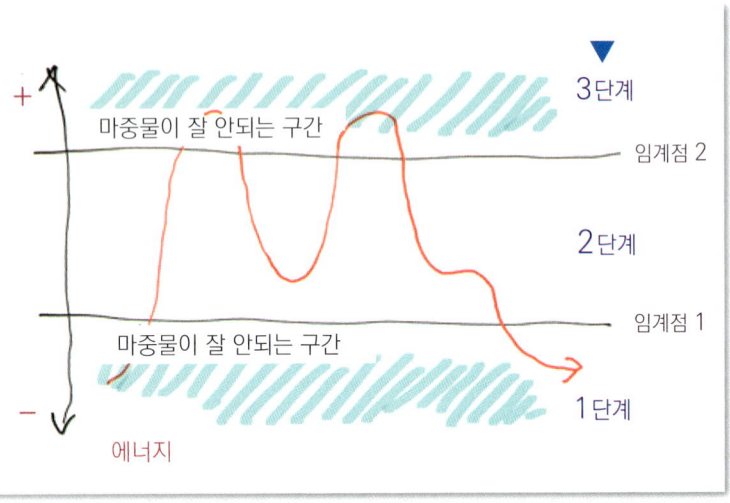

문제는 이렇게 왔다 갔다 하면서 끝나는 것이 아니라는 점이다.

에너지가 빠져나가는 것이 느껴질수록 마중물을 빨리 해야 할 것만 같은 위기감을 느끼게 되는데, 그로 인해 마중물을 성실하게 진행하게 되면 상관이 없겠으나, 일신상의 문제로 그것을 진행할 에너지를 다른 일에 빼앗긴다면, '앗!' 하는 사이에 다시 임계점 1 밑으로 추락할 수도 있다.

그렇게 되면 다시 마중물을 진행할 수 있는 만큼의 에너지를 모으기 힘들어지고, 시간, 환경 그리고 타인의 도움(정신과의 상담이나 약물의 도움 포함)에 의지하지 않으면 무기력 상태를 벗어나기 힘든 상태로 다시 돌아와 버린다.

언제 다시 임계점을 넘어 마중물을 잘 하는 상태로 돌아갈 수 있는지 알 수 없는 것이다.

그래서 에너지의 상태가 임계점 1이 아닌, 임계점 2를 내려오기 전에 에너지양의 감소를 미리 최소화하며, 다시금 마중물을 진행해야만 한다.

임계점 1을 내려오기 전에 막으려고 하다가는 한순간의 실수만으로도 제일 바닥으로 다시 처박히기 때문이다.

에너지양(量)에 따른 마중물 요법 수행 충실도의 변화 5

그러므로 에너지양이 임계점 2 밑으로 내려온 이후에야 뒤늦게 에너지를 관리하는 것은 위험이 뒤따른다.

아예 에너지가 임계점 2의 밑으로 떨어지지 않도록, 에너지가 충만할 때 미리 마중물을 위한 에너지를 남겨두어야 한다.

그것을 지속할 수만 있다면, 에너지는 우상향으로 그래프를 그리며 그 양이 점점 늘어날 것이다. 에너지의 총량이 안정권에 들어서는 것이다.

이는 마중물을 통해 좋아졌을 때야말로 마중물을 더 열심히 해야 할 때인 이유이다.

에너지양(量)에 따른 마중물 요법 수행 충실도의 변화 6

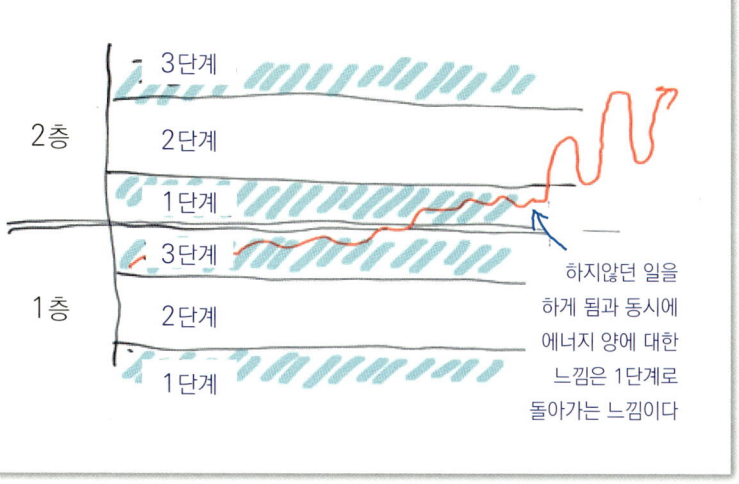

 마중물을 성실히 하여 에너지가 쌓이고 또 쌓이다 보면, 그 쌓인 에너지가 새로운 행동을 할 수 있게 만든다.

 '자신이 해야 하지만 하고 있지 않은' 일상적 기본생활 중 한 가지를 할 수 있게 한다는 것이다.
 안 하던 일을 하는 것이기에, 에너지의 상태가 임계 1 밑으로 떨어지는 듯한 느낌이 들게 된다. 에너지를 새로운 것에 소모하고, 다시 바닥으로 떨어지는 것(만 같은 것)이다.

에너지양(量)에 따른 마중물 요법 수행 충실도의 변화 7

하지 않던 일상생활 중의 행동을 하나 더 하게 되는 순간 층계를 하나 올라가게 된다. 단계와 층은 다르며 1층, 2층, 3층, 4층...으로 층은 계속 나타날 것이다.

반대로 단계는 1, 2, 3단계 밖에 없으며 3단계에서도 마중물을 열심히 하여 에너지가 계속 쌓이다 보면 하지 않던 행동을 하나 시작하게 되면서 다음 층으로 올라간다.

축적된 에너지는 하지 않던 행동 하나로 변형되어 나타난다. 행동으로 변형된 에너지로 인해 '내'가 느끼는 에너지의 양은 줄어들게 되며 다시 바닥 단계로 떨어지는 느낌이 든다.

굳이 이미지를 그리자면 바로 윗층의 1단계부터 시작하는 느낌이라는 것이다. 그때부터 다시 열심히 마중물을 하면 1, 2,

3단계를 거치게 되는 것이다.

다시 에너지를 쌓기 위해 마중물을 열심히 해야 한다. 또다시 해야 하지만 하지 않던 일상생활 중의 하나를 하는데 쌓아둔 에너지를 쓰고 있으므로 제자리걸음을 한 것만은 아니다. 느낌만 그럴 뿐이다. 이 상황에서 가만히 자신을 들여다본다면 축적된 에너지들이 전부 늘어나는 행동으로 변환되면서 자기효능감이 늘고 자존감이 높아진 것을 느낄 수가 있다.

그렇게 나의 일상적 생활은 층계를 오르듯 5층에서 6층, 7층을 오르게 되지만 마중물을 하는 '나'의 느낌은 계속 1단계부터 3단계를 계속 반복하며 오르내리는 느낌이 든다는 뜻이다.

즉 오랫동안 마중물을 하다 보면 일상 행위의 가짓수가 늘어나는 것은 큰 감흥을 주지 못한다. 아무리 마중물을 해도 해방감은 들지 않고, 그것들이 지겨워지는 순간이 온다.
간혹 힘에 부치는 느낌이 들면서 마중물 자체를 포기하고 싶어지는 (혹은 실제로 포기하는)경우도 있다. 그렇게 마중물을 포기하고, 그것을 잊은 채로 살다 보면, 에너지는 점점 감소하여 마중물을 시작하기 이전의 상태로 돌아가버린다.

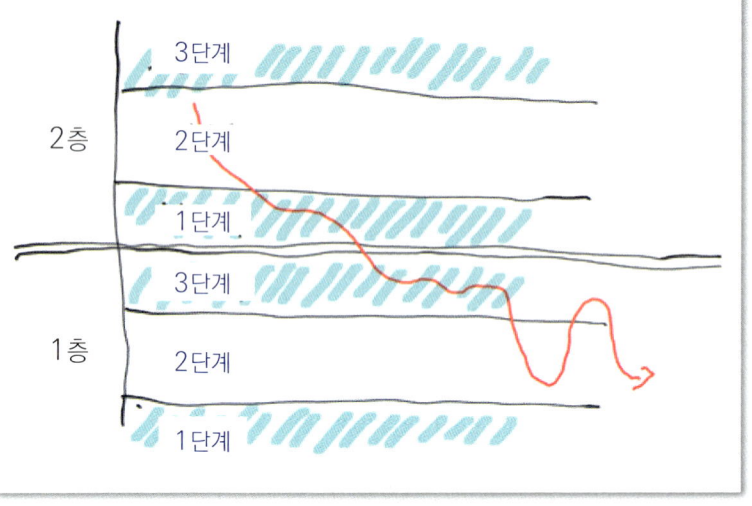

 어느 순간, 에너지의 양이 임계점 1의 밑으로 떨어지며 '나'의 일상행위 중 하나가 더는 수행되지 않는 것을 발견할 수 있게 된다. 에너지의 레벨이 한 층 내려간 셈이니, 마음만은 한결 편안할 수 있겠다. 물론 긍정적인 변화라곤 할 수 없다.

에너지양(量)에 따른 마중물 요법 수행 충실도의 변화 8

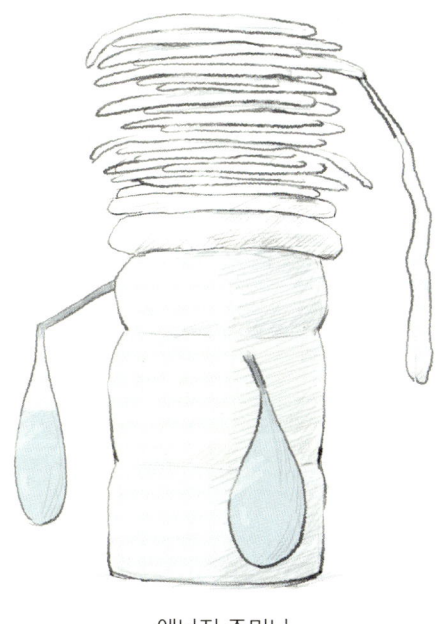

에너지 주머니

　이럴 때 뒤를 돌아보면 처음 마중물을 시작하기 전의 '내'가 하던 일보다 월등히 많은 일을 일상생활에서 해내고 있는 '나'의 모습을 볼 수 있게 된다.
　그리고 그런 '나'의 모습을 보면서 자기 효능감을 채워야 한다. 자신의 무기력했던 모습에서 얼마나 많은 일을 하는 사람으로 바뀌었는지를 비교해보자. 당연히 큰 만족감과 뿌듯한 자존감을 느낄 수 있을 것이다.

이렇게 에너지는 '내'가 해야 하는 일상적인 행동 한 가지에 압축되어 쌓인다. 에너지가 '일상생활 중 하나를 새로 수행함'이라는 색다른 형태로 변하면서 축적되고 있다는 것을 알아야 한다.
그리고 '내'가 정해 놓은 '꼭 해야 하고, 기본적으로 하고 싶었던 일상생활'들에 대한 기준을 충족하게 되면, 다시 말해 목표로 세워 둔 모든 층수를 오르고 나면 '나'는 그제야 에너지가 꽉 차서 넘치는 충만감을 느끼게 된다.

가끔은 그런 심리적 에너지를 담는 통, 또는 주머니를 상상해보는 것도 도움이 될 때가 있다.
보통 사람들의 일반적인 일상생활에서는 넘치는 에너지의 충만감을 느끼기가 어렵다. 직장이나 가정에서 늘 받는 새로운 스트레스를 통해 에너지가 삭감되는 경험을 하기 때문이다.
받는 스트레스가 많은 '나'로서는 그날그날 소비해야 하는 에너지가 너무 많아서 간신히 버티는 느낌만 들 수도 있다. 그럴 때는 더 열심히 마중물 요법을 해야 하거나(스트레스를 받을

수록 잘하던 마중물도 잘되지 않겠지만) 에너지가 어디서 빠져나가는지를 찾아 에너지 누수를 해결해야 한다.

이렇게 3단계를 계속 반복하다 보면 제자리걸음을 걷는 느낌이 들 것이다. 하지만 실제로는 절대로 제자리걸음이 아니다. 점점 더 층계를 올라가는 것이다.

3층을 오를 때와 8층을 오를 때의 느낌은 반복적이어서 같을지 몰라도 어느새 5층만큼 올라와 있다는 것을 발견할 것이다. 그것은 한 번도 와본 적이 없는 전혀 다른 공간에서 새로운 삶을 사는 것이라 할 수 있다.

3단계 가족적 마중물로 확장하기

몇 개라도 하는 기본적 일상 서비스에 마중물을 충실하고 안정적으로 하고 있다면 에너지가 모일 때까지 기다리자.
에너지가 모이다 보면 하지 않고 있는 기본적 일상 서비스가 자연스럽게 신경이 쓰일 것이다.

그렇게 하지 않던 기본적 일상 서비스를 마중물을 통해서 하는 것으로 바꾸는 과정에서 막대한 에너지가 쏟아져 나오는 것을 느낄 수가 있다.

　기본적 일상생활을 통해 마중물 요법을 하고, 그것을 끈기 있게 할 수 있게 되면 일상적인 스트레스 상황을 버텨낼 수 있는 심리적 체력이 생기게 된다.
　하지만 돌발적인 스트레스 상황도 버티어 내려면 좀 더 많은 양의 에너지가 필요하다. 다섯 가지 기본적 일상 서비스 중에 스스로 하지 않는 것이 있다면 좀 더 에너지를 만들어 낼 수 있는 여지가 있는 것이다.

다시 에너지를 집중해서 하지 않고 있는 기본적 일상 서비스를 억지로라도 하는 일상 서비스로 바꾸어야 한다. 물론 마중물 문구를 같이 붙여주면 더 쉽게 할 수 있다.

어머니가 해주던 밥을 스스로 해본다든지 자신이 먹은 그릇을 스스로 설거지 해본다든지 하는 것이다. 하지 않던 일을 한다는 것은 당연히 어려운 일이다.

몇 개라도 하는 기본적 일상 서비스에 마중물을 충실하고 안정적으로 하고 있다면 에너지가 모일 때까지 기다리자. 에너지가 모이다 보면 하지 않고 있는 기본적 일상 서비스가 자연스럽게 신경이 쓰일 것이다.

어느 순간 조금만 에너지를 쓰면 쉽게 심리적 관성이 바뀌게 된다. 그토록 어렵던 설거지도 에너지가 생기면 얼마든지 할 수 있게 되며 엄마나 아내를 도와주는 자신이 낯설고 쑥스러워 포기하던 청소 역시 별것 아닌 듯, 할 수 있게 된다.

그렇게 하지 않던 기본적 일상 서비스를 마중물을 통해서 하는 것으로 바꾸는 과정에서 막대한 에너지가 쏟아져 나오는 것을 느낄 수가 있다.

K심리학 7

정신의학과 전문의 **최성규**의 K심리학

K심리학이란,,,

나는 임상에서 환자들을 치료하는 과정에서,
기존의 심리학이 가진 문제점들에 대해 생각하게 되었다.

그 중 하나는 이론이 증상에 맞추어서,
즉 상황에 따라 그때그때 바뀌어야 한다는 것인데,
이는 환자를 치료하기 위해서 매번 그 환자의 상태에 끼워
맞출 수 있는 이론을 찾아야만 한다는 것을 의미한다.

나는 여기서 통합된 이론 체계가 필요함을 느꼈고,
심리적 에너지의 관점으로 이론들의 원리를 통합하여,
K심리학이라 명명하였다.

출처 마음의 지도 (최성규 지음)

무의식의 형성

무의식의 형성   K심리학에서는 무의식의 형성을 억압과, 기억의 저장공간 부족, 오래된 습관을 통한 절차기억(procedural memory)을 거쳐 만들어진다고 본다.

무의식의
에너지적 관점   심리적 에너지 관점에서 보았을 때 무의식이 형성되는 기전은 심리적 에너지를 아끼기 위해서라고 판단된다.

억압 역시 현실의 감정이 너무 많은 에너지를 소모하고 있기 때문에 무의식으로 누르려고 하면서 생긴 현상이다. 의식의 저장공간의 부족으로 인한 무의식으로 밀려난 기억들과 오래된 습관을 통해 무의식화 된 기억들 역시 심리적 에너지 소모를 최소화 하기 위해서다.
하지만 억압 만큼은 심리적 에너지를 아끼기 위해 억눌렀다는 취지가 무색해지는 결과를 보인다. 억눌린 기억에 붙어 있는 안좋은 감정으로 인하여 심리적 관성이 만들어지고 이 심리적 관성이 자주 뜻하지 않게 현실로 불려 나오게 된다. 에너지를 위해 눌러두었지만 시간이 지나면 지날수록 오히려 전체 에너지 소모량은 훨씬 더 커지는 역설을 겪게 된다.

그러므로 이 심리적 관성을 잘 이해하고 어떻게 해소하여 없애는가는 K심리학에서 가장 중요하게 여기는 부분이다.

마중물 요법이 에너지를 모으는 방법이라면 심리적 관성을 해소하는 것은 줄줄 새는 에너지를 막아 에너지를 관리하는 방법이 될 것이다.

심리적 관성   어렸을 때나 과거의 좋지 않은 기억 속의 괴로운 감정을 억누르다 보면 감정을 누르지 못하고 감정이 발생하는 기억을 누르게 된다. 기억이 바뀌면 감정은 자연스럽게 환기되기 때문이다.

문제는 그것을 너무 심하게 억누를 때 발생한

다. 만약, 정말 싫은 감정과 기억을 다시 불러일으키는 문제를 현실에서 맞닥뜨렸다고 하자. 현실의 문제를 찬찬히 들여다보면서 이성적으로 해결하기보다는, 그것을 빨리 덮어버리거나 최대한 피하려 할 것이다. 그 반응은 아주 어렸을 때였다면 최선이라 할 수 있겠으나, 이미 성인이 되었음에도 같은 반응을 보인다면 이는 전혀 기능적이지 못한 것이다.

그렇게 떠올리기 싫은 기억을 불러일으키는 상황에서 현재 나의 상태와 상관없이 어렸을 때나 했을 법한 반응이 한결같이 나오는 경우를 심리적 관성이라 정의한다.

비슷한 기존의 용어로는 트라우마, 또는 콤플렉스가 있다.

기억이 전반적으로 억눌리면, 기억을 재료로 사용하는 인지기능 역시 같이 떨어진다. 인지기능이 떨어진 상태에서는 눈앞에 놓여있는 '과거의 감정을 불러일으키는 현재의 '문제'를 제대로 해결할 수가 없는 것이다.

하지만 현재의 불편한 감정을 회피하기 위해서는, 이 문제를 해결해야만 한다.

그럴 때, 과거 비슷한 상황에서 쓴 적 있던 방법을 사용하게 된다. 물론 이는 어릴 때 사용했던 방법이므로, 문제를 회피 혹은 외면하거나, 모른 체 하는 등의 행동을 의미한다.

그것은 어릴 때는 꽤 적응적인 방법이었겠지만, 조금 더 성장한 어른에게는 때로 최악의 선택이기도 하다.

이후에는 그 문제에 형편없이 반응한 자기 자신을 혐오하게 되며, 부정적인 감정이 강화된다. 강화된 부정적 감정은 비슷한 다음 번 상황에서 더 크게 억압받는다. 자신의 반응 방식이 마음에 들지 않지만 기억이 억압된 상황에서는 또 다시 인지기능이 저하되며 머릿속이 하얘진다.

떨어진 인지기능하에서 현새의 문제를 처리하기 위해 자기 혐오의 가장 큰 원인이자 절대로 회피하고 싶었던 어린시절의 해결책이 무의식중에 다시 재현된다. 이를 심리적 관성이라고 한다.

심리적 관성의 해소 　심리적 관성은 한 번 만들어지면 좀처럼 해소되지 않는다. 심리적 관성이 형성되면 그 관성 속은 여간해서는 의식이 침범하기 어렵기 때문이다.

　심리적 관성이 발현되었다는 뜻은 정말 '내'가 싫어하는 감정을 느끼고 있다는 뜻이고 그 싫어하는 감정을 느끼기 싫어서 억압을 하고 있다는 뜻이며 감정이 잘 억압되지 않아 기억을 억압하고 있다는 말이다. 기억이 억압되었다는 뜻은 인지기능이 작동하고 있지 않다는 뜻이다.

심리적 관성 무의식 속에 있는 떠올리기 싫은 감정들을 오랜 시간에 걸쳐 억압했을 때, 항상 싫은 감정의 원인이 되는 바보 같은 자신의 반응이 반복해서 다시 나타나는 현상이다.

　그러므로 의식을 담당하는 인지기능이 심리적 관성 속에서는 발현되기가 어렵다. 그 상황이 끝나고 주의가 환기된 후에야 비로서 인지기능이 작동하기 시작하여 자신의 심리적 관성이 만들어 놓은 결과물을 참담한 심정으로 바라보게 된다.

　심리적 관성의 해소는 결국 심리적 관성속에서 인지기능을 작동시키면 되는 일이다. 하지만 그것이 쉽지만은 않다. 심리적 관성속은 무의식이므로 자신이 심리적 관성속에 사로잡혔다는 자각 조차 일어나지 않기 때문이다.

먼저 자신이 심리적 관성속에 빠졌다는 자각을 하는 것이 가장 선행되어야 한다. 이 쉽지 않은 일을 조금이라도 쉽게 만들기 위해서는 자기와 대화하는 습관을 들일 필요가 있다.
마중물 요법 또한 이 자각의 훌륭한 조력자다.

지속적으로 자신과 대화를 하다 보면 어느 순간 자신이 곤란한 상황에 빠져들어 느끼지 않아도 될 안좋은 감정을 느끼고 있다는 것을 깨닫게 될 것이다.
안좋은 감정을 참고 견디는 것은 반드시 에너지 소모를 수반한다. 그러므로 안좋은 감정이란 것을 깨닫지 못하더라도 에너지가 빠져 나가는 느낌 역시 심리적 관성 속에 빠져 있다는 뜻이라는 것을 깨달아야 한다.
자신이 심리적 관성속에 빠져 있다는 것을 깨달았다면 얼른 이 관성속에서 빠져 나와야 한다. 심리적 관성 속의 '나'는 그 안좋은 감정으로 인해 심리적 관성이 최초로 만들어졌던 당시의 '나'이므로 어린 '나'이다. 어린 '나'는 심리적 관성 속에 빠져 있었기 때문에 정상적인 성장을 이루지 못했다.

그러므로 '내'가 심리적 관성 속에 빠져 있다는 것을 자각하는 순간 '나'는 현재의 어른으로 돌아올 것이다.

그렇게 심리적 관성을 빠져나온 어른의 '내'가 어린 '나'의 불합리하고 비논리적이며 적절하지 않은 사고와 감정을 돌아보고 어린 '나'의 보호자 입장에서 공감과 위로 또는 교정과 설득을 해야 한다. 때로 공감과 위로만으로 해소되는 경우도 있으나 심각한 심리적 관성일수록 어린 '나'의 기묘한 논리를 반드시 이기고 납득시켜야 할 때도 있다.

물론 제 삼자의 입장에서 자신을 객관적으로 바라볼 수 있어야 함은 물론이다. 그 부분이 심리적 관성에 빠진 '내'가 가장 안되는 어려운 부분이기도 하다.

이런 부분은 나중에 심리적 관성에서 빠져 나
왔을 때 충분히 생각해두었다가 다시 비슷한
심리적 관성이 찾아왔을 때 적용하는 것도 하
나의 방법이다.

무엇보다 자기 자신을 향한 내적 성찰이 중요
하다. 물론 어렵다면 주변의 지인이나 상담소,
정신과를 이용하는 것도 도움이 될 수 있다.

하지만 정작 심리적 관성이 찾아와서 휩싸였을 때 바로 그때 눈치를 채고 빠져 나와야 하므로 그때는 오로지 자기 자신밖에 없다는 것을 명심하자.

심리적 관성의 예   주변에서 흔히 볼 수 있는 상황이다. 기존의 이
론으로는 트라우마, 컴플렉스, 내면 아이라는
이름으로 불리웠던 존재들이다. 정신분석하에
서의 전이 역시 마찬가지다.

굳이 심리적 관성이라고 따로 이름을 붙이는
이유는 심리적 관성이 특수한 상황이 아니라
너무도 일상적으로 일어나는 보편적 상황이기

때문이다.

정상적으로 살아가는 수많은 사람들 역시도 자신에게 심리적 관성들이 많다는 것을 알지 못한 채로 살아간다. 공부하거나 뭔가를 습득하기 위해서 노력하는 사람들의 집중력을 깨트리는 주범인 잡생각들이야 말로 심리적 관성의 대표적인 예이다.

내가 나를 위해
빨래해
줄게 응

철수야
빨래해줘서
고마워
잘했

응

내가
나를위해
빨래걷어줄께

Yes!

영희야
빨래걷어줘서
고마워
잘했어

Yes!

나를위해

고마워
잘했어
Yes

8
마중물로 성장하기

8. 마중물로 성장하기

» 에너지 채우기 - 자기 자신에게만 집중하기
마중물은 관계로 쏠려 있는 '나'의 눈을 타인에게서 자기로 돌리게 만든다. 아니 자기에게로 돌려지지 않으면 마중물 자체가 잘 안 된다.

» 타인의 에너지를 기대하지 말기 - 타인을 배제하기
가족들은 '나' 혼자 살아가는 공간에서 나를 위해 밥을 했더니 양이 너무 많아 이웃을 초대해서 숟가락만 얹은 것이라고 생각하자.
타인에게 열려있는 눈과 귀를 닫고 자신만을 바라보라

» 에너지 만끽하기 - 멈춘 성장 촉진하기
마중물을 통해 에너지를 쏟아붓다 보면 그 에너지가 냉동 보존되어 있는 결핍된 상처들을 하나하나 녹여서 다시 채워 회복시켜준다는 것을 느끼게 된다.

» 에너지 나눠주기 - 잉여 에너지 공유하기
만약 자신이 충분히 에너지가 차서 흘러넘친다면, 이제는 '나'만 채우는 일에 매몰되어서는 안된다. '나'를 먼저 채우고 남는 것이 있다면 남을 주어도 된다.

에너지 채우기
자기 자신에게만 집중하기

마중물은 관계로 쏠려 있는 '나'의 눈을 타인에게서 자기로 돌리게 만든다. 아니 자기에게로 돌려지지 않으면 마중물 자체가 잘 안 된다.

삶의 현장에서 타인에게서 눈을 거두어 자신에게 두는 것이야말로, 모든 인간관계에서 생기는 문제의 가장 기본적인 해결방법이 된다.

인생을 살아가다 보면, 사람은 자신에게 주어진 역할에 맞추어 살아가는 경우가 많아진다.

특히 우리나라 사람들의 경우, 자기 자신보다는 자신이 관계하는 사람들에 더 신경을 쓰는 사람이 많다. '자기 자신이 어떤 사람인가'가 아니라 '자기가 관계하는 사람이 어떤 사람인가'가 더 중요한 것이다.

그렇다 보니, 자기의 아버지가, 자기의 아들이, 자기의 친구가 어떤 사람이냐에 따라 자신에 대한 평가도 달라진다고 생각하는 경우도 많다.

이는 우리나라 사람들의, 인간관계의 심리적·물리적 거리가 매우 가깝기 때문이라고 보인다. 인간관계의 거리가 가깝기 때문에 좀 더 자기변형적 태도autoplastic attitude가 유용하며, 개인주의적 성향이 강한 나라들 보다 훨씬 더 타인에 대한 자신의 태도를 신경 쓰게 된다.

즉, 관계를 더 중요시한다는 것이고, 그리고 그런 관계에 비교적 더 많은 에너지를 투자하기 때문에, 자신이 관계하는 사람이 어떠하냐를 기준점으로 자신의 인생을 간접평가 받고 싶은 것이다.

하지만 이는 심리적 에너지 낭비의 가장 큰 원인이며, 많은 에너지를 낭비한 그관계에서 자신의 기대만큼 보상을 받지 못한다면 엄청난 분노가 터져 나오게 된다.

예시를 하나 들자면, 우리나라 엄마들이 자식에 집착하는 가장 큰 이유다. 자식들이 엄마들의 트로피인 것이다. 엄마들은 그 트로피를 위해 인생의 모든 것을 투자하며 전력을 다한 질주를 해 왔지만, 그 트로피가 (자신의 기준으로)초라하다면, 참을 수 없는 분노를 느낀다.

그래서 그럴 것 같은 가능성이 조금만 보여도, 엄마들은 그 가능성마저 지우기 위해 애쓴다.

마중물은 그렇게 타인과의 관계에 쏠려 있는 '나'의 눈을 자기에게로 돌리게 만든다. 아니 자기에게로 돌려지지 않으면 마중물 자체가 잘 안 된다.

또 다른 예시를 들어 보자.

60세 가까이 된 중년 여성은 아들 때문에 인생이 무상하다며 한탄한다. 자신의 말을 듣지 않고, 형편없는 결혼을 하겠다고 고집을 부리는 아들 때문이다.

아들을 위해 자신의 모든 것을 바치고, 최선을 다해 아들을 키웠음에도 불구하고 아들은 고마워하지 않는다. 아들 자신은 자기가 하고 싶은 결혼을 하려고 하는 것이며, 그것을 막는 엄마를 이해하지 못하고 오히려 어머니에게 분노한다.

중년 여성은 그런 아들이 야속하고 배신감마저 들게 된다. 그 배신감으로 인해 갈등이 늘어나고 그 갈등으로 인해 두 사람의 입장차는 더 극명해진다. 서로에 대해 섭섭함과 언짢음은 극도의 분노로 표출이 되며 그러한 관계가 계속 더 악화할 뿐이다.

그 아들은 중년 여성의 인생 목표였을까? 그녀는 그 아들을 낳기 위해 탄생한 사람일까? 그 아들을 낳고, 부족함 없이 키워내기 위해 몇 십 년을 공부하고 일해 온 것일까?

당연히 아니다. '나'는 '나'를 살다 보니 어른이 되었고, 아들은 '나'의 성장과제를 해결하는 도중에서 생겨난 부산물일 뿐이다.

스스로를 위해 살다 보니 결혼을 했고, 아들을 낳게 된 것이지, 아들을 부족함 없이 키워내기 위해 '내'가 이 세상에 탄생한 것은 아니다.

삶에 현장에서 타인에게 눈을 거두어 자신에게 두는 것이야말로 모든 인간관계에서 생기는 문제 해결의 가장 기본이 된다.

타인의 에너지를 기대하지 말기
타인을 배제하기

개인적 마중물 요법
먹기, 씻기, 자기
'나'의 에너지를 채우는 데 사용되는 마중물 요법

가족적 마중물 요법
음식 만들기, 설거지하기, 빨래하기, 청소하기
나뿐만 아니라 가족들도 역시 혜택을 보는 마중물 요법

자신이 가족에게 베풀고만 있다고 생각하지는 말자.
가족 내 유일한 원초적 관계 생산자인 주부는 혼자 존재할 수 있는 유일한 사람이다.

마중물은 그냥 에너지를 채우기만 하는 도구는 아니다. 인간관계에 대한 편향된 사고를 바꾸어주는 유용한 도구가 된다.

먹기, 씻기, 자기는 개인적인 부분도 포함되어 있어 자신의 에너지를 올려주는 데 사용되는 것이지만, 음식 만들기, 빨래하기, 청소하기는 가족 중에 다른 누군가가 해 주고 있는 경우가 많다.

즉, 단순히 먹기, 씻기, 자기는 '나'의 에너지를 채우는 데 사용되는 마중물 요법(개인적 마중물 요법)이다. 음식 만들기, 설거지하기, 빨래하기, 청소하기는 나뿐만 아니라 가족들도 역시 혜택을 보는 마중물 요법(가족적 마중물 요법)이다.

많은 주부에게 마중물을 설명하고 적용토록 하다 보면 마중물로 인해 더 화가 난다고 얘기하는 모습들을 심심치 않게 본다. 늘 자신만 희생하고 자신만 봉사하는 것에 대한 불만 때문이다.

돕지 않고 받기만 하는 가족들은 하나도 바뀌지 않았는데 어떻게 자신이 더 노력하고 바뀌어야 하냐는 생각에 더 억울해한다.

그래서 가족들을 응징하고 싶은데, 적어도 가족들이 바뀌는 방법을 알고 싶은데 자신을 바꾸라고 하면 더 화가 난다고 한다.

'나'를 위한 마중물 요법은 좋지만 '우리'를 위한 마중물(가족적 마중물) 요법은 싫은 것이다.

하지만 '우리'를 위한 마중물 요법이 잘 되어야만 완벽한 심리적 독립을 이룰 수 있다는 것을 잊지 말자. 가족들이 바뀌기만을 기대하는 한 '나'는 가족들에게 종속되어 있을 수밖에 없다는 것 역시 잊지 말자.

가족적 마중물은 가족의 반응과 상관없이 '나'의 기분을 안정적이고 평온하게 만들어 준다. 우리가 누군가를 그리워하고 누군가의 말과 태도와 행동에 우리의 감정이 종속된 것은 원초적 관계(영유아가 어머니에게서 에너지를 조건 없이 일방적으로 받는 관계)를 재현하고 싶기 때문이다.

각 가정의 주부들도 마찬가지이다. 자신이 원초적 관계를 제공하는 사람이기도 하지만 그런 자신도 누군가와의 원초적 관계를 통해 보상을 받고 싶은 것이다.

실제로 그런 원초적 관계를 받을 수 있는 가능성이 있는 관계는 남편과의 관계 아니면 효도하는 자식과의 관계일 것이다.

만약 이 두 관계에서 에너지를 돌려받을 가능성이 전혀 없어진다면 주부들은 극심한 결핍감을 맛보게 되는 것이다. 하지만 이미 가족들을 위해 제공해주는 원초적 관계가 자신에게도 해당한다는 사실을 잊지 말자.

자신이 가족에게 베풀고만 있다고 생각하지는 말자. 가족 내 유일한 원초적 관계 생산자인 주부는 그렇기 때문에 혼자 존재할 수 있는 유일한 사람이다.

그것을 가족적 마중물을 통해 자기에게도 해주고 있다는 것을 깨닫기만 한다면 된다. (바로 그 점이 은퇴 후 여자들이 남자들보다 훨씬 강해지고 주도권을 쥐게 되는 이유다.)

원초적 관계를 자신이 자신에게 해줄 수 있다는 것을 이해하고 받아들인다면 주부는 누구에게도 기대하지 않고 생활할 수 있는 사람이

원초적 관계란? (양육자와의 관계)

어린 시절 '나'는 아무런 노력도 없이 양육자의 일방적인 보살핌 속에서 자라게 된다.

이렇게 에너지가 상호 교류되지 않고 한 방향으로 흘러가는 것을 에너지장(場)이라 부르며 인간관계에서 이런 일방적 에너지장이 형성되는 시기는 '나'의 아주 어린 시절로 국한된다.

이렇게 일방적인 에너지장 속에서 에너지를 만끽할 수 있는 관계를 '나'의 입장에서 부르는 말이다.

된다. 그 얘기는 누구에게도 심리적으로 의존하지 않고 살아갈 수 있는 사람이 된다는 말이다.

다른 사람을 향해 널리 퍼져 있는 관심을 자신에게로 좁혀야 한다.

가족들과는 전혀 별개인 '나' 자신을 계속 가족들이 없으면 못 사는 사람으로 만들 필요는 없다. 주부란 이미 다른 이 없이도 혼자 잘 살 수 있는 사람들임을 잊지 말자.

가족들이 자신을 도와주지 않는다고 해서, 가족들이 자신을 무시하고, 심지어 하인으로 취급한다고 해서 서러워할 필요는 없다.

'나'는 이미 집안을 청소하고 있다. 다른 가족들이 하지 않는다고 속상해 할 필요 없다. 자신이 사는 집 안에, 자신 외엔 아무도 없다고 생각하자. 스스로의 집 안을 청소하는 것은 당연한 것이다. 자신이 보지 않는 사이 자꾸만 집안이 어질러진다면, 키우고 있는 강아지가 어지럽힌다고 생각하자. 내가 사는 그 공간의 주인으로서, '나'를 위해 청소해주는 것이다.

자신에게 집중하기와 타인을 배제하기는 같은 듯하지만 조금은 다르다.

자신에게 집중하는 와중에 타인(특히 가족들)이 방해되는 느낌이 들 수 있다. 가족들이 자신을 자꾸 신경 쓰이게 만들고, 가족들이 '나'에 비해서 너무 이기적이라는 생각이 들며 억울함이 북받쳐 오른다. 이 경우, 가족들에게 많은 에너지를 빼앗기고 있으므로 자신에게 집중할 수 없다고 생각하고 있는 것이다.

이럴수록 타인에 향한 나의 신경을 자신에게로 돌려놓고, 자신을 바라보아야 한다.

가족은 어떻게 보면 '나'의 인생에 부산물이자 결과물일 뿐이다. 가족이 '내' 인생의 목표나 목적일 수는 없는 일이다. 그러므로 '나'는 가족과는 전혀 별개로 자신의 공간에서 나를 위해 살면 된다.

이는 자신의 가족들을 실제로 애완견, 유령 등으로 취급하라는 이야기가 아니다. 단지 가족을 위해 했을 때는 '억지로 해야 하는 짜증나는 일'이었던 것이, 오로지 '나'를 위해 한다고 바꾸어 생각하면 '즐겁고 힘이 나는 일'로 바뀔 수 있기 때문이다.

가족들은 '나'의 공간으로 초대한 이웃이라고 생각하자. '나'를 위해 맛있는 음식을 만들었는데, 그 양이 너무 많아 그들을 불러 밥상에 숟가락만 얹게 한 거라 생각하는 것이다.

타인에게 열려 있는 눈과 귀를 잠시 닫고, 자신만을 바라보자.

에너지 만끽하기
멈춘 성장 촉진하기

> 마중물은 현재의 결핍이 과거의 결핍에 덧붙여지는 것을 방지할 뿐만 아니라, 과거의 결핍을 파헤쳐서 근본적인 결핍감을 해결해 줄 수 있다.
>
> 마중물을 통해 '나'에게 에너지를 쏟아 붓다 보면, 그 에너지가 냉동 보존되어 있던 나의 결핍된 상처들을 하나하나 녹이고, 그것을 다시 채워 회복시켜주는 것을 느낄 수 있다.

자기 자신에게 집중된 '나'의 관심은 기본적 에너지(기본적 일상 서비스)를 나에게 쏟아 붓기 용이하게 만든다. 사실 자신에게 집중된 관심 자체가 스스로에게 확인 에너지와 인정 에너지를 주는 것이므로 그것만으로도 의미가 있는 것이다.

거기다가 현재의 '나'에게 열심히 기본적 에너지를 열심히 채워주다 보면, 현재의 결핍에 관련된 문제들(결핍에 의한 분노, 그 분노의 억압으로 인한 에너지 소모, 그리고 억압이 실패했을 때의 폭발적 분노, 혹은 극도의 억압으로 인한 대리욕구의 비정상적 돌출이나 전환)에 있어 그것의 상태가 더 악화되는 것을 막을 수 있다.

하지만 결핍은 현재의 결핍만 있는 것이 아니다. 결핍이란 이미 존재하는 과거의 결핍 기억들 위에 새로이 쌓이는 것이다.
현재의 결핍(현재의 안 좋은 감정기억단위)이 과거의 결핍(과거의 안 좋은 감정기억단위)에 쌓이는 것을 막는다 하더라도, 과거의 결핍은 여전히 그곳에 남아 있게 된다.
마치 겨울이 되어 얼어 죽은 것 같이 보이는 여러해살이풀이 봄이 오면 다시 싹을 틔워내듯, 이 과거의 결핍이란 녀석은 항상 다시 그 싹을 틔우려 호시탐탐 기회를 노린다.
이런 상황에서 마중물은 현재의 결핍이 과거의 결핍에 덧붙여지는 것을 방지할 뿐만 아니라, 과거의 결핍을 파헤쳐서 근본적인 결핍감을 해결해 줄 수 있다.

자기 자신에게 집중된 스스로의 관심 하에 마중물 요법을 충실히 행하다 보면 어느 순간 다 자라지 못한 어린 '나'와 맞닥뜨리게 될 때가 있다. 그 어린 '나'의 결핍을 이해하고 보듬으며 그것을 하나하나 채워 주다 보면, 과거의 결핍이 스스로 치유되는 경험을 할 수 있다.

이것은 안 좋은 감정기억단위에 대한 문제이다. '내'가 성장을 하는 도중에 결핍이 발생한다면 그 결핍으로 인해 안 좋은 감정기억단위가 생기게 되며 그 안 좋은 감정기억단위를 억압하는 과정에서 생각이 멈추고 생각이 멈추면서 성장이 멈추게 된다.

조금 다르게 말해보자면,
'나'의 성장 중에 생겨난 결핍은, 그냥 잊혀지는 것이 아니며, 그것은 성장을 멈춘 채 채워지기를 기다린다는 것이다.
그러다가 비슷한 상황이 오면, 그 결핍에서 발생한 분노와 현재의 결핍에서 발생한 분노가 합쳐져, 간헐적으로 터져 나온다.(만약 결핍이 과다하여 그 분노를 주체하지 못할 정도라면, 그 분노를 먼저 해결해야 한다.)
분노가 어느 정도 해결이 되어 원활한 마중물이 가능해지면, 그 과정에서 어린 시절의 결핍상황들이 조금씩 떠오르게 된다.
누울 자리를 보고 발을 뻗는다는 말처럼, 결핍으로 억압되어왔던 어린 '내'가(정확히는 억압되어 있던 '나'의 나쁜 감정기억단위들이) 기다림을 끝내도 될 상황으로 인식하고, 무의식의 바깥으로 나타나기 시작한다.

이 때, 퇴행이 일어난다. (이 퇴행은 정신이 완전히 어린아이로 돌

아가는 것이 아니라, 그 당시의 느낌과 그 당시의 기분을 현재에서 느끼게 되는 상황을 말한다.)

　퇴행이 일어난다면 그 퇴행을 놓쳐서는 안 된다. 그 어린 시절의 결핍을 측은함과 애처로움으로 감싸며 성장이 멈춘 '나'를 키워준다는 느낌으로 마중물을 해주다 보면, 그것이 어린 '내'가 충족감을 느끼고 다시 성장을 시작하게 되는 것을 볼 수가 있다.

　마중물을 통해 '나'에게 에너지를 쏟아 붓다 보면, 그 에너지가 냉동보존되어 있던 나의 결핍된 상처들을 하나하나 녹이고, 그것을 다시 채워 회복시켜주는 것을 느낄 수 있다.

　성장은 그 과정에서 자연스럽게 일어난다. 결핍이 회복되면 더 이상 그 과거(어릴 때의 심리적 관성)에 머물러 있을 필요가 없어지고, 이미 성장해 있는 좋은 감정기억단위의 방식을 자연스럽게 받아들이게 된다.

　마중물을 하는 데 있어 가장 큰 문제는 인식의 전환이다.

에너지 나눠주기
잉여 에너지 공유하기

만약 자신이 충분히 에너지가 차서 흘러넘친다면, 이제는 '나'만 채우는 일에만 매몰되어서는 안 된다. '나'를 먼저 채우고 남는 것이 있다면 남을 주어도 된다.

» '내'가 늘 먼저 주어야만 한다 생각을 바꾸어야 한다.
» '나'를 먼저 챙겨야 본전 생각 없이 나눠줄 수가 있다.
» '내'가 먼저 준다는 생각에 매몰되면, 주는 순간 받는 것에 더 신경을 쓰게 된다.

» '내'가 늘 먼저 주어야만 한다는 생각을 바꾸어야 한다.
» '나'를 먼저 챙겨야 본전 생각 없이 나눠줄 수가 있다.
» '내'가 먼저 준다는 생각에 매몰되면, 주는 순간 받는 것에 더 신경을 쓰게 된다.

이미 결핍이 있는 '내'가 그 결핍을 채우기 위해 먼저 주는 순간, '나'는 더 큰 결핍을 느끼게 되며 동시에 그 결핍을 참고 견뎌야 하게 된다.

그렇게 되면 그것을 돌려받을 때, '나'는 그 결핍을 인내하는 데 들어간 에너지까지 돌려받아야 하게 된다. 내가 준 에너지를 그대로 돌려받는다 하더라도, 상대적 결핍감을 느끼게 되는 것이다. 만약 그 에너지를 그대로 돌려받지 못했을 경우는 말할 필요도 없다.

그래서 먼저 자신을 채워야 한다. 그래서 타인보다는 자신을 먼저 생각하자고 하는 것이다. 하지만 여기에는 또 다른 인식의 전환이 필요하다.

그렇게 자신을 먼저 생각해서 에너지를 모았다면 이렇게 모은 에너지는 왜 모은 것일까? 수전노처럼 혼자서만 잘 먹고 잘 살려고 모은 것일까?

아닐 것이다. '모든 사람이 서로 적당한 자기변형적 태도를 가지고 서로 적당히 배려하며 사는 것'이 사회의 목표 지향점이라면, 그 목적지는 사회를 구성하는 구성원들의 맹목적인 희생으로 갈 수 있는 곳이 아니다. 세상은 그렇게 저절로 공평해지는 것이 아니다.

적어도 자기를 지킬 힘, 스스로 행복해질 에너지는 남겨둬야 한다. 그래야 남을 줘도 본전 생각을 하지 않는다.

그래야 남을 줘도 행복하다.

달리 말하자면, 결국 에너지를 모은 궁극적인 이유는 원래 남을 주기 위해서이다. '내' 에너지가 없는 상태에서 남을 주면 '나' 혼자만 불행해지므로, 이런 역효과를 방지하기 위해 '나'를 먼저 채우자는 인식의 전환을 하자는 것이다.

하지만 지금 자신의 에너지가 충만하다면, '나'를 채우는 일에만 매몰되어서는 안 된다. '나'를 채우고 남은 것을 이제부터는 남에게 주어도 되는 것이다.

즉 남에게 에너지를 주어 남을 도울 때조차 나의 알맹이는 흔들림 없는, 에너지로 가득 찬 이타심(욕구이론 중에 인정욕구로 대부분 설명될 수 있겠지만 억지로 모든 이타심을 인정욕구로 끼워 맞추고 싶은 생각은 없다.)을 발휘하도록 하자.

그래야만 '우리'에 대한 '정情'이 생겨나고, 그 정은 '보험'이 되어 '나'를 좀 더 안전하게, 좀 더 행복하게 만들어 줄 수 있다.

내가 나를 위해
걸레질 해줄께

응

영희야
걸레질 해줘서
고마워
잘했어

응

K 심리학 8

정신의학과 전문의 최성규의 K심리학

K심리학이란,,,

나는 임상에서 환자들을 치료하는 과정에서,
기존의 심리학이 가진 문제점들에 대해 생각하게 되었다.

그 중 하나는 이론이 증상에 맞추어서,
즉 상황에 따라 그때그때 바뀌어야 한다는 것인데,
이는 환자를 치료하기 위해서 매번 그 환자의 상태에 끼워
맞출 수 있는 이론을 찾아야만 한다는 것을 의미한다.

나는 여기서 통합된 이론 체계가 필요함을 느꼈고,
심리적 에너지의 관점으로 이론들의 원리를 통합하여,
K심리학이라 명명하였다.

출처 마음의 지도 (최성규 지음)

상황중독

상황중독 상황중독이란 어린 시절 고통을 많이 받은 사람일수록 그 고통을 이겨내기 위해서 스스로 고통을 즐길 줄 알게 되었을 때 삶에서 전반적으로 일어나는 중독적인 생활 태도를 말한다.

고통이 크면 클수록 심리적 에너지의 변동이 크다. 고통 그 자체는 괴롭겠지만 그 고통은 언젠가 끝날 것이다.

고통을 피할 수 없다면 즐긴다. 고통이 끝났을 때 안도감을 느끼는데, 고통이 크면 클수록 안도감 역시 커진다. 큰 고통을 느끼지 못한 사람일수록 큰 안도감도 느껴보지 못한다.

만약 성년이 되어 더 이상 자신을 괴롭히는 고통이 없게 되면 역시 큰 안도감을 느끼는 기회도 사라지게 된다.

이 큰 안도감을 쾌락으로 인지하게 되며 이미 경험했던 안도감의 극치를 다시 쾌락으로 재현하고 싶다는 강력한 욕망이 발생한다.

> **상황중독**
> 어린 시절 고통을 많이 받은 사람일수록 그 고통을 이겨내기 위해서 스스로 고통을 즐길 줄 알게 되었을 때 삶에서 전반적으로 일어나는 중독적인 생활 태도를 말한다.

이 욕망을 해결할 때 여러 가지 매개체를 사용하면 각종 매개체에 해당하는 중독이 발생하는 것이다.

상황중독의 예   만약 이 매개체가 고통일 경우 중독적인 쾌감을 느끼기 위해 다시 스스로 고통받는 상황 속에 뛰어들게 되는 비이성적인 행동을 하게 되는데 이것을 좁은 의미의 상황중독이라고 부른다.

상황중독의 특징을 가장 단적으로 보여주는 예시는 병적도벽(절도광, Kleptomania)이다.

병적도벽이란 필요없는 사소한 물건을 훔치는 행위를 말한다. 금품 그자체를 목적으로 하는 것이 아니라 훔치는 행위에 목적을 두는 것처럼 보인다. 물건을 훔치고 싶어하는 충동을 참지 못하고 반복한다. 훔치기 전의 긴장감 고조와 훔치고 나서의 죄책감을 특징으로 한다.
이러한 병적도벽의 원인과 치료에 대해서 아직 뚜렷한 진전이 없는 부분이기도 하다.

하지만 K심리학에서는 전형적인 상황중독의 유형으로 보고 있으며, 환자의 치료 의지가 있는 한 치료가 가능한 질환으로 보고 있다.

먼저 병적도벽 자체가 중독적인 행위라는 것을 이해시킬 필요가 있다. 어린시절 고통스러운 환경에 오랜시간 노출된 상태에서 극도의 안도감이나 쾌락을 환경에 의해서 반복적으로 경험한 적이 있는 사람들 중 일부가 걸리는 것으로 판단된다.

이 병적도벽의 핵심은 훔치는 행위가 주는 아슬아슬한 긴장감과 훔치는 행위가 성공되었을 때의 안도감이다. 아무런 일이 벌어지지 않는 상태에서의 작은 안도감으로는 쾌락을 얻을 수가 없다. 그 작은 안도감을 수십배로 부풀리기 위해 자신을 스스로 만든 위험으로 밀어 넣은 후 그 긴장감이 해소되는 순간의 안도감을 극치의 쾌락으로 즐기는 것이다.

당연히 이러한 쾌락은 다른 방법으로도 즐길 수가 있다. 도박, 약물중독, 알콜중독, 등의 잘 알려진 중독들도 마찬가지로 상황중독이라고 봐야 한다.
기존의 중독과의 차이는 쾌락이 먼저 선행이 되느냐 고통이 먼저 선행되느냐의 차이이다.

극도의 긴장감을 얻기위해 물건을 훔치는 행위를 스스로의 고통으로 밀어넣는 행위라고 본다면 항상 상황중독은 고통과 쾌락이 한 쌍이 되어 있는 상태를 일컫는 것이라고 말할 수도 있다.

이 한 쌍의 고통과 쾌락을 심리적 에너지 관점에서 살펴보면 고통은 급격한 에너지 절벽으로 쾌락은 급격한 에너지 상승으로 표현할 수도 있다.
또한 이 한 쌍의 에너지 절벽과 상승은 항상 에너지 절벽이 상승된 에너지의 보다 그 절대값이 큰 경향을 보인다.
그러므로 상황중독에 존재하는 한쌍의 고통과 쾌락은 늘 쾌락을 추구하기 위해서 사용되지만 에너지의 측면에서 보면 결국 항상 마이너스인 결과를 얻게 된다. 이는 모든 중독적 행위가 인간을 피폐하게 만드는 이유이기도 하다.

상황중독의 대표적인 예로써 병적도벽을 들었지만 우리 주변에는 이러한 상황중독을 사용하는 경우가 너무도 많다.
일반적으로 인생에서 맛있는 음식을 더 맛있게 만들기 위해 넣는 감미료와 같은 역할을 한다.

매운 음식을 먹는 것 역시 전형적인 상황중독이라고 말할 수가 있다. 손톱을 물어뜯는 행위나 머리카락을 뽑는 행위도 마찬가지다. 고통을 적극적으로 즐기는 행위나 현재 즐기는 것을 조금 더 극적으로 즐기고자 하는 행위, 쾌락만을 추구하는 행위 모두 이에 해당한다.
물론 모두가 다 병적인 현상은 아니며 그 정도에 따라 문제적 행동과 그렇지 않은 행동을 나눌 수가 있다. 그 기준은 일반적인 도덕관념에 의지한다 하더라도 이미 충분하다.

만약 자신의 상황중독적 행위가 스스로도 심각하다고 여겨진다면 마중물 요법을 시작해보자.

상황중독은 자극적이고 즐겁지만 마중물요법은 지루하고 성가시고 우스꽝스러운 행동으로 느껴질 수도 있겠다. 맞다. 그 정적이고 하찮고 귀찮은 요법속에서 재미를 찾을 수만 있다면 자신을 해치는 상황중독에서는 저절로 벗어날 수가 있게 된다.

상황중독이 마중물로 치료되는 상황에 대해서는 이미 6장 마중물의 효과 마지막 부분에서 설명한 바 있으나 약간의 부가적 설명을 덧붙이고 싶다. 상황중독은 심리적 에너지가 급격하게 들고나거나 나고드는 상황이라고 하였다. 그러면서 에너지가 점점 소모되는 상황이다.

만약 매일매일 에너지가 조금씩 소모되는 상황에서 상당량의 큰 에너지가 들고나는 변화를 느낄때는 매일 에너지가 조금씩 빠져나가는 것을 느끼고 있었기 때문에 에너시가 나가는 것보다는 들어오는 것을 더 민감하게 느끼게 된다.

주식차트 표기방식을 빌어 이해를 돕자면 매

일매일 에너지가 빠져나가는 것을 작은 음봉으로 표시하고 있을 때 장대양봉과 장대음봉이 동시에 출현하게 되면 얼핏 눈에 띄는 것은 당연히 장대양봉이다.

그리고 사람들이 최종적으로는 에너지가 더 빠졌지만 한때 끝모르고 치솟아 올랐을 때의 짜릿함을 두고두고 곱씹어 보듯이 장대양봉과 장대음봉의 쌍을 에너지가 들어오는 사건으로 여기게 된다. (파란색 바탕에 큰 빨간색이 눈에 더 잘 띈다)

하지만 반대로 조금씩이라도 매일매일 에너지가 들어오는 삶이라면 작은 양봉들이 계속 발생하는 상태에서 발생한 장대양봉과 장대음봉의 쌍은 오히려 장대음봉에 주목하게 되는 효과가 있다.

즉 한쌍의 장대양봉과 장대음봉(상황중독)을 에너지가 들어오는 사건이 아니라 에너지가 빠져나가는 사건으로 인식하게 된다. (빨간색 바탕에 큰 파란색이 눈에 더 잘 띈다)

늘 심리적 에너지가 소모되는 사람들은 상황중독을

에너지가 들어오는 상황으로 인식하여 더 상황중독에 집착하게 된다. 중독이 심해지는 것이다.
반대로 에너지가 들어오는 사람들은 상황중독을 에너지가 빠져나가는 상황으로 인식하여 쉽게 빠져나오게 된다.

매일 마중물을 하여 조금씩이라도 심리적 에너지를 모은다면 예전에는 즐거웠던 모임들이 오히려 귀찮고 피곤한 모임처럼 느껴질 수도 있는 것이다.

 일곱가지 마중물 요법

의衣　빨래하기

　　　먹기
식食　음식만들기
　　　설거지하기

　　　씻기
주住　잠자기
　　　청소하기

내가
나를 위해
청소해 줄게
응

청소해 줘서
고마워
잘했어
응

내가
나를 위해
물건을 정리해 줄게
응

물건을 정리해 줘서
고마워
잘했어
응

 내가
나를 위해
빨래해줄께

응

철수야
빨래해줘서
잘고마워
잘했어
응

나를위해

고마워
잘했어
Yes

9
마중물 요법의 제한점과 응용

9. 마중물 요법의 제한점과 응용

진료실에서 마중물 요법을 사용하여 사람들을 치료하다 보면, 마중물이 각자의 경험, 결핍 상황에 따라 개성을 가지고 변화하는 것을 볼 수 있다.
마중물의 진의를 깨닫고 적극적으로 수용하는 사람일수록, 그러한 경향이 큰 것 같다.

마중물은 자기를 사랑하기 위해 만든 것이다.

그것은 자기를 존중하는 것과 같다. 동시에 고갈된 에너지를 재충전하는 길이기도 하다.

마중물 요법은

마중물 요법의 제한점

마중물 요법은 정확한 의미와 방법으로 할 수만 있다면 하는 사람 모두가 효과를 볼 수 있는 요법이다.

하지만 임상에서는 모든 일이 그렇게 이론적으로 해결되는 것은 아니다. 마중물을 적용했을 때 효과가 없는 사람은 다음과 같다.

▶ 현재 자신을 만족하고 있어 마중물의 필요성을 못느끼는 사람들
▶ 마중물을 치료자의 권유로 하지만 억지로 하는 사람들
▶ 아직 부모의 사랑을 더 받고 싶어 하는 사람들 – 청소년들
▶ 분노가 많아 모든 대화의 초점이 분노에 맞춰져 있는 사람들
▶ 타인보다 자신이 바뀌는 것에 거부감을 가진 사람들
▶ 자기 자신의 내부를 들여다 보기를 거부하는 사람들

나를 위해서

하지만 이런 사람이야말로 마중물이 가장 필요한 사람이다. 이런 사람이 스스로 마중물에 대해 마음을 닫고 있어서 효과가 없을 뿐이다.

자신의 마음속에 부모와 자신에게마저 버림받은, 불쌍한 '나'가 있음을, 그리고 그 어린 '나'를 성숙한 어른으로 키워내야 하는 것은 '나' 자신이라는 것을 받아들이게 되면, 이들 역시 마중물의 효과를 제대로 볼 수 있게 될 것이다.

자신이 위와 같은 상태에 있다는 것을 인지하고 있고, 그것을 진심으로 바꾸고 싶다면 먼저 주변의 정신과나 상담소에서 도움을 받도록 하자.

자기 자신을 있는 그대로 바라보는 훈련을 하는 것도 도움이 된다. 마중물을 하는 데에 필요한 기초를 다지는 셈이다.

마중물요법은

마중물의 응용

　진료실에서 마중물 요법을 사용하여 사람들을 치료하다 보면, 마중물이 각자의 경험, 결핍 상황에 따라 개성을 가지고 변화하는 것을 볼 수 있다.
　마중물의 진의를 깨닫고 적극적으로 수용하는 사람일수록, 그러한 경향이 큰 것 같다.
　마중물은 자기를 사랑하기 위해 만든 것이다. 그것은 자기를 존중하는 것과 같다. 동시에 고갈된 에너지를 재충전하는 방법이기도 하다. 그것을 모든 사람에게 적용될 수 있도록, 일반적이고 공통적인 사항들을 열거해 놓았을 뿐이다.
　그러므로 이를 개인에게 적용할 때는 좀 더 친밀하면서도 원

초적이어야 한다. 그래서 항상 진료실에서는 마중물 요법의 문구에서 단어 하나도 빼지 않는다는 조건을 달고, 원하는 단어나 문구를 얼마든지 덧붙일 수 있도록 허용하는 편이다.

그러다 보니 자신의 성장 배경과 내적 성찰의 수준에 따라 마중물의 범위는 천차만별의 변화를 보이게 된다는 것을 알게 되었다.

더해서 그것이 개인의 내적 성찰을 높여주거나 '나'를 향한 집중력을 높여주는 방법이며, 마중물 요법의 효과를 북돋우는 역할을 한다는 것 역시 인정하게 되었다. 그 깨달음은 전적으로 나의 환자들로부터 배운 것이다.

내가 나를 위해
형광등을 갈아줄게
응

철우야
형광등을 갈아줘서
고마워
잘했어
응

내가
나를 위해
청소해 줄게

영희야
청소해 줘서
고마워 잘했어

응